UN MONDE DE MENTEURS

PAT JAULENT

JACKY CASSOU

Avec la contribution de…

Sandrine Barrière – Annick Giroudon

Myriam Libé – Claudine Evrard – Claudine Morel

De nombreux gouvernements et médias nous mentent, tandis que les réseaux sociaux sont inondés de fake news.

On nous ment sur les origines des virus, H1N1, VIH / SIDA, ZIRKA, SARS-Cov2, alias la COVID-19.

On nous ment même, sur le nom de la COVID-19.

On nous ment sur le confinement, les masques.

On nous ment sur les vaccins et leurs effets.

On nous ment sur la grande réinitialisation du monde.

Après plusieurs mois de cyber investigation, les auteurs apportent dans un roman vérité, les preuves irréfutables de ces mensonges.

Établir un dossier d'enquête est un acte extrêmement risqué. Vous devez mobiliser toutes vos ressources en espérant seulement que vos lecteurs y accordent de l 'importance. À la différence des rapports quotidiens, il faut énormément de constance.

Un journaliste d'investigation appelle ses correspondants huit à dix fois par semaine pour les amener à parler. Une fois le lien établi, le partage sera unique et exclusif. Il va passer tout son temps à leur répéter « Écoutez, je sais que c'est difficile, mais votre histoire est si cruciale ».

Chaque intervenant a son opinion sur l'affaire traitée. Les journalistes d'investigation doivent alors se mettre en quatre afin d'obtenir tous les aspects de l'histoire.

Le concept d'un beau reportage ne réside pas dans le fait d'être « Beau », mais dans celui de refléter la réalité en y apportant des preuves factuelles. Un cyber journaliste d'investigation consulte sur le Net des milliers de documents inhérents à l'affaire. Son travail consiste à dénicher la bonne information et prouver qu'elle est fiable. Nombreuses sont les étapes à franchir avant qu'une histoire ne soit diffusée dans la presse écrite ou sur le web. Le juridique en fait partie.

Le duo idéal pour une investigation dangereuse est constitué d'un cyber journaliste d'investigation et d'un journaliste de terrain.

Sur le Web se trouve la vérité.

1.

Le journalisme d'investigation est le noble art de saisir la réalité des puissants.

Julian Assange

Jeudi 11 février 2021, Douglas Peterson, le rédacteur en chef du Washington Daily Times (WDT) situé à Washington DC, demande à sa secrétaire de convoquer deux journalistes, Kevin Shaw, un ancien cyber guerrier de la NSA et Cassie Holiday jeune journaliste d'investigation avec une dizaine d'années d'expérience dans la presse écrite à sensation.

Tous deux appartiennent à une nouvelle unité de cyber enquêteurs ayant pour mission la publication d'articles sensibles sur des sujets qui affectent la notoriété des États-Unis dans le monde.

—Avez-vous déjà entendu parler de VIH, H1N1, SARS, COVID-19 ? demande Douglas.

—Jamais ! Cassie tu connais ? Interroge malicieusement, Kevin.

—T'es vraiment COVIDIOT. Ce sont des marques de lessive.

—Bon ça suffit les comiques, lance Douglas

Kevin et Cassie se regardent en souriant.

—J'ai l'intention de faire une édition spéciale sur ces p* de pandémies. Je veux savoir pourquoi entre le 14 décembre 2020 et le 18 février 2021, 19 907 rapports d'événements indésirables ont été signalés par le système de notification des événements indésirables liés aux vaccins (VAERS) des Centres pour le contrôle et la prévention des maladies (CDC). Je veux savoir pourquoi il y eu 1095 décès et 3767 blessés graves (paralysie,..).

National Vaccine
Information Center
Your Health. Your Family. Your Choice.

MedAlerts Home

Search Results

From the 2/18/2021 release of VAERS data:

Found 19,907 cases where Vaccine is COVID19

—J'ai entendu dire qu'il s'agissait de décès principalement de personnes agées présentant des co-morbidités, rétorque Kevin.

VAERS ID: 929764 (history) **Vaccinated:** 2020-12-28
Form: Version 2.0 **Onset:** 2020-12-29
Age: 45.0 **Days after vaccination:** 1
Sex: Male **Submitted:** 0000-00-00
Location: Washington **Entered:** 2021-01-08

Vaccination / Manufacturer	Lot / Dose	Site / Route
COVID19: COVID19 (COVID19 (MODERNA)) / MODERNA	025L20A / 1	LA / IM

Administered by: Private **Purchased by:** ?
Symptoms: Death
SMQs:
Life Threatening? No
Birth Defect? No
Died? Yes
Date died: 2020-12-29
Days after onset: 0

—Ah ouais ! Dis moi lorsque l'on a 45 ans on est « vieux » ?

—Chef, il y a eu des millions d'américains de vaccinés, et..

—Et quoi ! C'est la première fois qu'il y a autant de « dégats » après une vaccination. Je veux savoir pourquoi ! Je veux tout savoir, je veux des preuves factuelles officielles et non les fakes news qui innondent internet. Il paraît que vous êtes les meilleurs. Prouvez le !

—Délai chef ?

—Pour hier ! Sortez et rendez-vous à mi-parcours pour faire le point, c'est-à-dire dans deux jours !

—C'est un nouveau mode de calcul, Chef ? Lance Kevin.

—Sortez !

Cassie et Kevin quittent le bureau complices.

—Maintenant que nous sommes des cyber détectives, nous devrions peut-être avoir des noms de code, lance Cassie.

—Bonne idée. Je serai le baron Hostchaff Von Hugenstien de la barbichette !

—Et moi, la duchesse aux pieds nus.

—Pourquoi ?

—Ben, pour que le baron m'achète des chaussures à talon !

2.

Une fois que vous avez commencé à emprunter les chemins du mensonge, ils domineront à jamais votre destin, et vous consumeront.

En guise de pizza, ce fût un petit tour à la machine à café, avant que nos deux cyber journalistes rejoignent, gobelet à la main, leurs espaces de travail, séparés de quelques mètres.

Comme à son habitude Cassie, place un casque sur les oreilles afin de ne pas entendre le brouhaha permanent des conversations téléphoniques de ses collègues de travail. Puis, elle sélectionne dans sa playlist un programme musical, règle un faible niveau sonore, appuie sur Play et commence son investigation sur le virus H1N1, selon les directives de Kevin.

Kevin, quant à lui, les pieds sur son bureau et le clavier sur les genoux est déjà en train d'investiguer sur le VIH.

Ils avaient décidé de faire ensemble les recherches sur le SARS-2, alias la COVID-19.

Pendant leur travail, ils communiquent uniquement par SMS codé, se méfiant des messageries WhatsApp, Telegram, ou Facebook Messenger.

*

Le téléphone de Kevin clignote, signalant l'arrivée d'un SMS.

—J'ai trouvé quelque chose, cela n'a rien à voir avec les virus. Mais c'est intéressant.

—Un truc qui n'a rien à voir avec les virus. Change de musique !

—Connais-tu Margaret Sanger ?

—Elle est comment ? Grande blonde, belle poitrine ? Tu veux me présenter ?

—Je croyais que je te suffisais ! Bon je t'envoie.

—OK, en mode brouillon et mets un truc bidon dans l'objet. Et efface ces p* de cookies !

—Tu me prends pour une bleue ! C'est parti.

Kevin ouvre le mail adressé par Cassie.

«...

Dis-moi ce que tu en penses.

A la Fin des années 1800 - Francis Galton a inventé le terme d'eugénisme. Demi-cousin de Charles Darwin, le sieur Galton était impliqué dans les domaines de la génétique, de la psychologie, de la météorologie et des statistiques. Il a plaidé pour un programme éducatif de sélection de personnes !

En 1885, le biologiste, microbiologiste et chimiste français, Louis Pasteur, crée les premiers vaccins contre le charbon et la rage.

Au siècle suivant, au début des années 1900 - Charles Davenport et Harry Laughlin ont lancé un mouvement eugénique aux États-Unis.

Un an plus tard, en 1901 John D. Rockefeller a fondé le Rockefeller Institute for Medical Research (RIMR) en Arkansas, dont William Welch était président du conseil consultatif. Devenu plus tard administrateur et président du comité exécutif de l'établissement Carnegie, il était médecin, pathologiste, bactériologiste et responsable de l'école de médecine, en plus d'être l'un des quatre professeurs fondateurs de l'hôpital Johns Hopkins. Dans les années 1930, le Rockefeller Institute est devenu le centre de recherche sur les maladies virales où se sont formés la plupart des virologues.

En 1907, l'Indiana a été le premier État à promulguer une loi sur la stérilisation, et en 1935, trente-deux autres États lui ont emboîté le pas, entraînant la stérilisation forcée de 60 000 personnes aux États-Unis au milieu des années soixante pretextant que c'était pour leur bien. Non seulement ils ont concentré ces programmes de stérilisation sur les handicapés, mais aussi sur les pauvres, les criminels et les déficients mentaux. Un tiers des stérilisations du pays ont eu lieu en Californie.

SCANDALE !

C’est en 1910 que Charles Davenport a fondé l'*Eugenics Record Office* (ERO) au Cold Spring Harbor Laboratory de Long Island « pour améliorer les qualités naturelles, physiques, mentales et aléatoires de la famille humaine ».

Ils ont commencé par collecter des données sur les antécédents familiaux décrivant l'hérédité des traits mentaux, moraux et corporels, en mettant l'accent sur ceux qui étaient considérés comme indésirables. L'ERO a fonctionné pendant trois décennies.

C’est dans les foires d'État que les eugénistes ont pu juger le « Stock humain » pour sélectionner la famille la plus apte à l'eugénisme. Celle qui servira de référence pour identifier les fratries ayant des caractéristiques « dérangeantes ».

Au fil des ans, John D. Rockefeller Jr. et Frederick Taylor Gates ont investi des millions dans la biologie moléculaire et l'industrie de la santé.

La Fondation Rockefeller a rencontré en 1984 des délégués internationaux dans des domaines médicaux, gouvernementaux et philanthropiques, dans le but de créer un programme mondial de vaccination pour les enfants.

Avec des millions de dollars d'aide financière, ils ont réussi à porter les taux de vaccination à 80 %.

En 1914 Harry Laughlin a publié un modèle de loi eugéniste de stérilisation qui la validerait sur des individus « socialement inadéquats » pour reprendre leur terme. Les « inadéquats » étaient les personnes prises en charge dans les institutions ou soutenues en tout ou en partie par les dépenses publiques, à savoir les aliénés, les criminels, les épileptiques, les ivrognes, les aveugles, les sourds, les personnes présentant un défaut physique, les dépendantes, les orphelines, les clochards, les sans-abris et les pauvres. Dès sa publication, cette loi fut promulguée par douze états !

SCANDALE !

En 1916, Margaret Sanger a ouvert la première clinique de contrôle des naissances à Brooklyn New York. Sanger plaidait pour la stérilisation et la ségrégation obligatoires des personnes handicapées.

C'est en 1917 que Margaret Sanger a fondé la revue *Birth Control Review*. On y trouvait des articles tels que : « Contrôle des naissances et amélioration raciale » (février 1919), « Quelques aspects moraux de l'eugénisme » (juin 1920), « La conscience eugénique » (février 1921), « Le but de l'eugénisme » (décembre 1924), « Contrôle des naissances et eugénisme positif » (juillet 1925), « Contrôle des naissances : le vrai eugénisme » (août 1928) etc.

Voici Margaret Sanger dont tu découvriras la photo ci-jointe. Tu noteras la pancarte « A. BERNIUS – SIGNS » ! Elle devait avoir des seringues dans son petit sac. Sait-on jamais, elle pourrait faire « œuvre de charité » si elle croisait un clochard !

Voici ce qu'elle écrivait la dame au chapeau.

« Je crois personnellement au bien-fondé de la stérilisation des faibles d'esprit, des aliénés et des syphilitiques » !

SCANDALE !

Elle créa dans la foulée, la « Ligue de contrôle de naissance américaine », en 1921.

En 1922, l'American Eugenics Society est fondée par Irving Fisher, Madison Grant, Harry H. Laughlin, Henry Fairfield Osborn et Henry Crampton, devenue en 1973, la « Société pour l'étude de la biologie sociale », puis finalement la « Société de biodémographie et de biologie sociale ».

Cinq ans plus tard, en 1927 « L'Institut Kaiser Wilhelm d'anthropologie, d'hérédité humaine et d'eugénisme » est créé à Berlin, en Allemagne. À l'époque nazie, l'établissement était fortement associé aux théories de l'eugénisme nazi et à « l'hygiène raciale ».

Entre 1937 et 1938, 600 enfants issus de soldats franco-africains furent « analysés » puis stérilisés.

Toujours en 1927, un certain Buck V. Bell, dans l'état de Virginie a voulu rendre infertile Carrie Buck pour avoir mis au monde un bébé hors mariage ! Le juge de la Cour suprême, Wendell Holmes, a statué contre Carrie Buck, déclarant : « Il vaut mieux pour la planète qu'au lieu d'attendre l'exécution de descendants dégénérés pour crime ou leur mort due à la famine, que notre société empêche ceux qui sont manifestement inaptes à poursuivre leur procréation. Trois générations d'imbéciles suffisent. » La Cour suprême a donc légitimé l'acte de Buck V. Bell. C'est seulement dans les années 1970 que les législatures des États commencèrent à abroger ces lois.

SCANDALE !

En 1930, La Fondation Rockefeller a financé *l'Institut Kaiser Wilhelm* d'anthropologie, d'hérédité humaine et d'eugénisme, jusqu'en 1939, en pleine connaissance de cause.

Empruntant à la loi type de Harry Laughlin, le gouvernement nazi allemand a adopté une loi qui fournissait une base légale pour stériliser plus de 350 000 personnes en 1933.

Laughlin a publié une traduction de la loi allemande au sujet la prévention de la descendance défectueuse dans The Eugenical News, et a reçu un diplôme honorifique de l'Université de Heidelberg en 1936, en hommage à son travail dans « la science du nettoyage racial».

Pendant la Seconde Guerre mondiale, les programmes eugéniques américains furent discrédités compte tenu des informations venant d'Allemagne.

En 1942, la Ligue américaine de contrôle des naissances de Margaret Sanger change de nom et devient Planned Parenthood.

En 1967 John D. Rockefeller III reçoit le prix Margaret Sanger de la Fédération du planning familial américain.

1973, année où l'avortement a été légalisé par la Cour suprême à la suite de l'arrêt Roe c. Wade, marqua la dernière stérilisation réalisée en Caroline du Nord, l'un des états les plus agressifs, allant jusqu'à stériliser ceux qui avaient un QI de 70 ou moins. Ils ont donné aux travailleurs sociaux le pouvoir de désigner les personnes à stériliser.

C'est en 1982 que les autorités américaines ont assoupli les restrictions sur le clonage d'ADN chez les mammifères. L'ère transgénique était née.

Le programme national d'indemnisation des victimes de vaccin a été créé en 1986 pour s'assurer que les fabricants ne soient pas tenus responsables d'éventuels effets secondaires. Depuis 1988, le gouvernement américain a déboursé 4,1 milliards de dollars en dommage intérêt et dommage décès.

SCANDALE !

Dès 1988, le *Human Genome Project* a été élaboré par la National Academy of Sciences des États-Unis, puis adopté par le biais d'une série détaillée de plans quinquennaux rédigés conjointement par les *National Institutes of Health et le Department of Energy*. Le Congrès a financé le projet à environ 2,7 milliards de dollars.

Le séquençage du génome humain a été achevé et rendu public en 2003. Plusieurs universités et centres de recherche ont été impliqués aux États-Unis, au Royaume-Uni, en France, en Allemagne, au Japon et en Chine.

Le séquençage du génome permet aux scientifiques d'avoir une carte complète du corps humain, le rendant reproductible.

En 1988, le rapport annuel de la Fondation Rockefeller indique que leur « division de la population » progresse : « L'Institut national indien d'immunologie (à New Delhi) a terminé avec succès la première phase des essais avec trois versions d'un vaccin anti-fertilité pour les femmes, parrainé par le gouvernement de l'Inde et soutenu par la Fondation.

En conclusion, le schéma de la Fondation Rockefeller pour la stérilisation grâce aux vaccins et aux cultures anti-fertilité pour les hommes et les femmes a commencé en 1900 avec le plan eugénique et ne s'est jamais réellement arrêté.

En 1988, la fondation finançait la première phase de vaccins anti-fertilité féminins. L'Institut national indien d'immunologie (à New Delhi) a achevé avec succès la première étape des essais avec trois versions de vaccin.

20 ans après l'abrogation des lois sur la stérilisation, un « Groupe de travail sur les vaccins pour la régulation de la fertilité » a été créé avec la Fondation Rockefeller, l'OMS, la Banque mondiale et le Fonds des Nations Unies, c'était en 1991.

3.

Si ton pouvoir est basé sur le mensonge, alors tu n'es rien.

Kevin appartient à la vielle-école, celle où les compliments et les encouragements ne sont distribués qu'à Noël, les années bissextiles.

—Pas mal « 95 » ton nom de code, on garde le tout pour le big-chef. Concentre-toi sur le H1N1. Et si on se faisait une pizza ?

—Pas mal ! C'est tout. Petit Jedi, pour la pizzeria !

—OK 95, Hamburger frites ?

—Ce sera une pizza, et tu n'es pas prêt de me mettre dans ton lit avec une pâte italienne. On se retrouve en bas, Petit Jedi.

—OK, cinq minutes 95, et verrouille ton ordinateur.

*

—Sympa le repas. On remettra ça. Je t'envoie un mail avec ce dont je t'ai parlé.

—Bien reçu. Concentre-toi sur le VIH, Petit Jedi.

—C'est parti. J'attends ton retour 95.

« ...

Coucou 95. As-tu déjà entendu parler de cancer ?

Comme toi je suis tombé sur un truc qui… Lis et on parle en salle de rédac quand tu es prête.

En 1878, John D. Rockefeller contrôlait 90% de toutes les raffineries de pétrole des États-Unis. En 1897, Felix Hoffman, un chimiste allemand a inventé l'aspirine. Avec cette découverte, une nouvelle frontière médicale s'est érigée avec l'utilisation de produits pétrochimiques dans de nombreux médicaments, y compris l'aspirine, la pénicilline et plus tard, les remèdes anticancéreux. Le magnat qui avait accaparé le marché pétrolier aux États-Unis a cherché à étendre son empire avec l'exploitation de la pétrochimie dans ce Nouveau Monde de la médecine. Rockefeller devait alors changer de paradigme, ce qui n'était pas une mince affaire.

Tout d'abord, le Rockefeller Institute for Medical Research a été créé par un ami proche et conseiller, Frederick Taylor Gates (qui n'a aucun lien de parenté avec Bill Gates), en 1901.

Frederick Gates a été inspiré et influencé par les « Principes et pratiques de la médecine » écrits par Sir William Osler, médecin et eugéniste renommé. Gates a d'ailleurs assisté au premier congrès international d'eugénisme en 1912.

Je rejoins là tes recherches, 95. Je poursuis.

Divers notables tel que Cornelius P. Rhoads (l'un des premiers pionniers de la chimiothérapie) ainsi que 36 lauréats du prix Nobel furent associés au *Rockefeller Institute for Medical Research*. Au conseil d'administration siégeaient, Jeffrey Epstein, Maurice Greenberg et Nancy Kissinger.

En 1910, J.D. Rockefeller et une poignée d'autres se joignirent à un projet visant à s'engager sur cette nouvelle voie de l'industrie médicale. Ils ont choisi Abraham Flexner, soutenu par la Fondation Carnegie, pour parcourir le pays afin de rassembler des preuves dans un rapport sur l'état des facultés de médecine et des hôpitaux américains.

Stoppe la lecture 95, cherche dans ta playlist une musique douce, tu vas en avoir besoin.

Ce rapport, appelé Flexner, n'était rien de moins que le point de départ du monde médical moderne que nous connaissons aujourd'hui, et quelques années plus tard de la Big Pharma.

Le rapport Flexner fut un outil utilisé par Rockefeller pour justifier la modernisation, la rationalisation, l'homogénéisation et la consolidation des écoles de médecine et des hôpitaux.

En conséquence, de nombreux établissements durent fermer leurs portes. La médecine homéopathique a été diabolisée et moquée, et certains médecins ont été emprisonnés.

L'aube d'une ère nouvelle a commencé - l'âge d'une « pilule pour chaque maladie ».

https://www.ncbi.nlm.nih.gov/pmc/articles/PMC3178858/

YJBM

CELEBRATING 90 YEARS 1928–2018

Yale J Biol Med. 2011 Sep; 84(3): 269–276.
Published online 2011 Sep.

The Flexner Report — 100 Years Later

Thomas P. Duffy, MD

▸ Author information ▸ Copyright and License information Disclaimer

This article has been cited by other articles in PMC.

Abstract

Go to:

The Flexner Report of 1910 transformed the nature and process of medical education in America with a resulting elimination of proprietary schools and the establishment of the biomedical model as the gold standard of medical training. This transformation occurred in the aftermath of the report, which embraced scientific knowledge and its advancement as the defining ethos of a modern physician. Such an orientation had its origins in the enchantment with German medical education that was spurred by the exposure of American educators and physicians at the turn of the century to the university medical schools of Europe. American medicine profited immeasurably from the scientific advances that this system allowed, but the hyper-rational system of German science created an imbalance in the art and science of medicine. A catching-up is under way to realign the professional commitment of the physician with a revision of medical education to achieve that purpose.

Keywords: Abraham Flexner, William Welch, William Osler, Simon Flexner, Johns Hopkins, William Gates, William Pritchett, German Medical Training, full-time system, Carnegie Foundation, John D. Rockefeller, Theodor Billroth, medical professionalism

Avec de nouvelles normes mises en place par Rockefeller via le biais du General Education Board en 1902 et le rapport Flexner de 1910, les écoles de médecine et les hôpitaux restant ont été incités à enseigner et à rechercher dans des domaines spécifiques afin de pouvoir bénéficier de plus de 100 millions de dollars de subventions de la Fondation Rockefeller.

La recherche a été menée dans le domaine d'alternatives synthétiques aux traitements à base de plantes organiques pour la maladie, que les médecins homéopathes utilisaient jusqu'alors. Rockefeller a trouvé que l'alternative aux médicaments synthétiques était avantageuse, car les médicaments nouvellement découverts pouvaient être brevetés, emballés et vendus par l'une des 68 filiales de l'empire pharmaceutique Rockefeller.

Au milieu des années 1920, les sociétés pharmaceutiques n'étaient qu'une branche périphérique des industries chimiques et cosmétiques.

En 1928, l'entreprise devient l'une des plus rentables des États-Unis.

Avec la découverte de la pénicilline en 1938, les sociétés pharmaceutiques ont signé des contrats avec le gouvernement pour contribuer à l'effort de guerre par le biais de la production de médicaments. Et comme par hasard, elles ont émergé après la Seconde Guerre mondiale avec de nouveaux capitaux à investir dans la recherche et le développement d'encore plus de médicaments.

L'industrie pharmaceutique a explosé !

En 1945, une seule des filiales de Rockefeller, Squibb, annonçait des bénéfices de 576 %, et l'empire Rockefeller dans son ensemble déclarait plus de 54 % de profits en 1961.

Au fil du temps, les petites sociétés pharmaceutiques ont fusionné avec les plus grandes, de la seconde moitié du XXe siècle à nos jours, pour constituer les grandes sociétés pharmaceutiques.

Avec des milliards de bénéfices, le grand lobby pharmaceutique a influencé les législateurs et les politiques pour assurer sa place forte dans l'industrie médicale. Les publicités sur les médicaments au cours des 20 dernières années ont triplé pour atteindre au moins 6 milliards de dollars par an.

Les chercheurs sonnent l'alarme selon laquelle les Américains sont incroyablement surmédicalisés. Près de 55 % des Américains prennent régulièrement des médicaments sur ordonnance - 4 en moyenne. Ils dépensent environ 200 milliards de dollars pour un usage inopportun.

La surconsommation des produits pharmaceutiques a atteint des proportions astronomiques, les prescriptions ayant augmenté de 200 % au cours des deux dernières décennies. Il est certain que la vision de Rockefeller « une pilule pour chaque maladie » s'est réalisée.

Non seulement Rockefeller a joué un rôle central dans l'émergence de la médecine moderne et des grandes sociétés pharmaceutiques, ainsi que dans la quasi-élimination de la médecine homéopathique, mais encore ses investissements ont également ouvert la voie à la recherche sur le cancer.

Rockefeller aurait joué un rôle déterminant dans le soutien financier de *l'American Society for the Control of Cancer* (le prédécesseur de l'American Cancer Society) créé en 1913 par un petit groupe de médecins et personnels non médicaux. Parmi les membres fondateurs de la société figuraient Thomas M. Debevoise, l'avocat de longue date de J.D. Rockefeller et John Edward Parsons, le premier président du *Memorial Sloan Kettering Cancer Center*, qui a été construit sur un terrain offert par Rockefeller.

Mme Frederick W.Vanderbilt, épouse du petit-fils de Cornelius Vanderbilt - le fondateur de l'Université Vanderbilt, et Mme Robert W. de Forest, épouse du vice Président de la Croix-Rouge américaine qui a reçu la toute première subvention de la Fondation Rockefeller, appartenaient à un groupe de femmes fortunées qui se réunissaient au rez-de-chaussée de l'immeuble de la fondation.

Dans les années 1930, la fondation Rockefeller a soutenu la recherche sur les traitements contre le cancer par le Dr Simon Flexner, administrateur de la *Fondation*, premier directeur du *Rockefeller Institute for Medical Research* et frère d'Abraham Flexner, ainsi qu'un collègue de Simon qui a travaillé dans son laboratoire à *l'Institut Rockefeller*, nommé Cornelius P. Rhoads. Le Docteur Rhoads a été chargé par la *Fondation Rockefeller* de faire des recherches sur les maladies transmissibles par voie sanguine à Porto Rico en 1932.

Pendant son séjour sur l'île, Rhoads a écrit une lettre à un collègue, se vantant avec satisfaction du meurtre de plusieurs patients, déclarant : *Ils [les Portoricains] sont, sans aucun doute la race d'homme la plus sale, la plus paresseuse, la plus dégénérée et la plus voleuse qui ait jamais habité cette sphère. Cela vous rend malade de vivre sur la même île qu'eux. Ils sont inférieurs aux Italiens. Ce dont l'île a besoin, ce n'est pas d'un travail de santé publique, mais d'un raz de marée ou quelque chose comme ça pour anéantir totalement la population. Cela pourrait alors être habitable. J'ai fait de mon mieux pour faire avancer le processus d'extermination en n'en tuant que 8 d'entre eux et en transplantant des cellules cancéreuses chez plusieurs autres.*

La question de la prise en compte du bien-être des patients ne joue aucun rôle ici - en fait, tous les médecins se réjouissent des mauvais traitements infligés aux malheureux.

https://www.cienciapr.org/en/external-news/revisiting-1930s-scandal-aacr-rename-prize

Home | About | Students | Professionals | General Public | Forums | Events | Get Involved | Sign Up! | Reset Password

CIENCIA PUERTO RICO

Welcome to CienciaPR, an expert and resource network for all who are interested in science and Puerto Rico.

REVISITING A 1930S SCANDAL, AACR TO RENAME A PRIZE

Submitted on 30 December 2009 - 11:39am

This article is reproduced by CienciaPR with permission from the original source.

PDF version

From Science Magazine The Cornelius P. Rhoads Memorial Award has long been a coveted prize in cancer research. Named for one of the most prominent American medical researchers of the mid-20th century and a director of the Sloan-Kettering Institute, the prize is awarded each year to a promising researcher under the age of 40; it has gone to eminent scientists such as Eric Lander of the Whitehead Institute and Scott Lowe of Cold Spring Harbor Laboratory. But Rhoads's name was removed from the prize this week following an investigation of Rhoads's conduct as a medical researcher in Puerto Rico in 1931. The controversy arises from a notorious letter Rhoads wrote but never mailed during his stint at the Presbyterian Hospital in San Juan. The text was publicized anew

La lettre a été découverte par un collègue et rendue publique, ce qui a conduit Rhoads à fuir l'île. Malgré le tollé général, Cornelius Rhoads a continué à superviser la Division des armes biologiques de l'armée américaine à partir de laquelle il aurait mené des expériences de radiation sur des milliers de citoyens américains. La recherche sur le gaz moutarde a en fait conduit à la mise en œuvre de la potion toxique en chimiothérapie au Sloan Kettering Institute, dont Rhoads était le directeur.

Je te conseille 95, d'aller sur le lien associé à ces images.

Tu y trouveras la fameuse lettre.

Malgré son expérimentation humaine contraire à l'éthique, Rhoads a été immortalisé sur la couverture du Time Magazine, ainsi que par l'attribution du prix commémoratif Cornelius P. Rhoads au grand dam des Portoricains, qui ont décrit le médecin comme un scientifique fou génocidaire avec le plein soutien de la Fondation Rockefeller.

Tu me suis toujours 95 ?

En 1929, un certain C.C. Little, diplômé de Harvard devient le directeur général de *l'American Society for the Control of Cancer*, qui est devenue plus tard *l'American Cancer Society*.

Connu pour sa position tranchée sur l'eugénisme, le contrôle des naissances et l'euthanasie, C.C. Little a également aidé à fonder la ligue américaine de contrôle des enfantements avec les copines de tes recherches, Margaret Sanger et Mary Lasker. En 1921 il a été président de *l'American Eugenics Society*. Le *Little's Jackson Laboratory* a fourni des rats de laboratoire consanguins pour la recherche scientifique à divers laboratoires et a reçu la première subvention du *National Cancer Institute*.

L'histoire retiendra sa déclaration, en plus de son rôle dans l'eugénisme. Il était directeur du comité consultatif scientifique ainsi que du comité de recherche de l'industrie du tabac : « il n'y a pas de relation causale démontrée entre le tabagisme ou une maladie quelconque. » !

En 1939, le Docteur Alton Oschner a Co rédigé un article qui a rencontré un grand succès, suggérant un lien entre le tabagisme et le cancer du poumon. Oschner a rejoint le conseil d'administration de *l'American Cancer Society*, dont il est ensuite devenu président. Suite à ses recherches l'ancien chef de la chirurgie à la *Tulane Medical School*, Oschner, a créé la clinique Oschner en 1942.

Il a ensuite recruté le Docteur Mary Sherman pour devenir partenaire dans la clinique basée à la Nouvelle-Orléans. Elle s'est également vue offrir un poste de professeur agrégé à la *Tulane Medical School.* Dans une réclamation au cours de l'exposition de 2007 intitulée « Docteur Mary's Monkey », les Docteurs Alton Oschner et Mary Sherman ont été impliqués dans un projet secret visant à créer un vaccin cancérigène pour assassiner Fidel Castro au début des années 1960.

Comme preuve à l'appui, un autre écrit personnel de Judith Baker, affirme qu'elle a été recrutée pour travailler sur le projet clandestin d'avril 1963, lorsqu'elle est devenue la maîtresse de Lee Harvey Oswald. L'histoire de Baker, Lee and Me, révèle qu'on lui a demandé de participer à des recherches sur une forme de cancer militarisée causée par l'injection d'un vaccin antipoliomyélitique contaminé par le virus SV-40.

Sur la base d'un dossier du FBI déclassifié, nous savons maintenant qu'Alton Oschner avait des liens étroits avec la communauté du renseignement. Selon Baker, David Ferrie, un suspect impliqué dans le complot d'assassinat de JFK, a travaillé en coordination avec Oschner et Sherman tout en exploitant un deuxième laboratoire sur Louisiana Avenue Parkway.

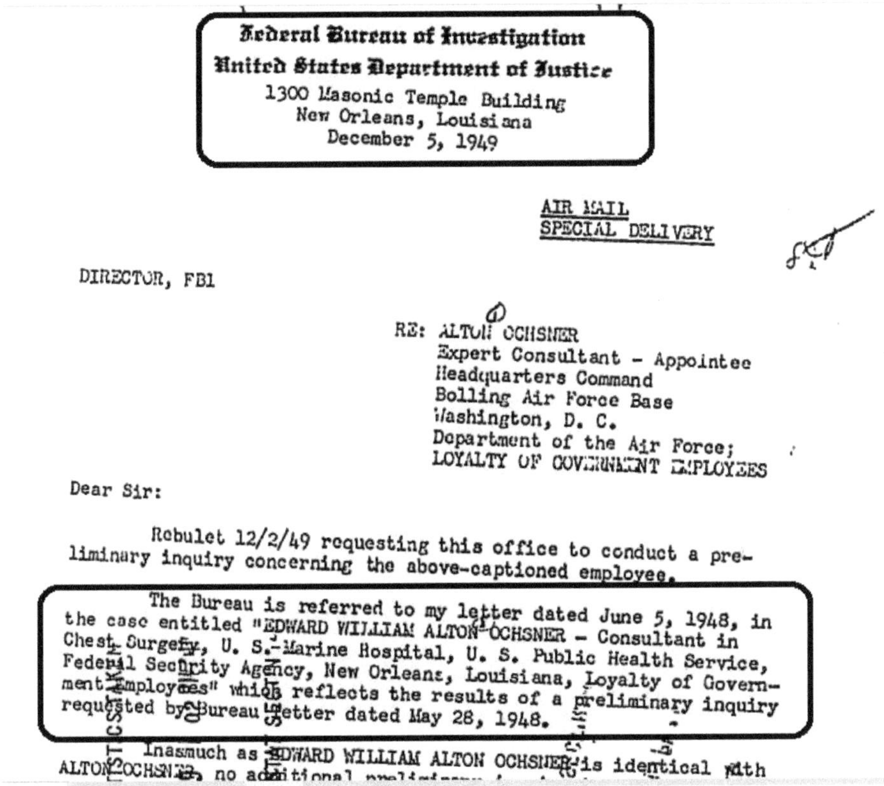
Federal Bureau of Investigation
United States Department of Justice
1300 Masonic Temple Building
New Orleans, Louisiana
December 5, 1949

AIR MAIL
SPECIAL DELIVERY

DIRECTOR, FBI

RE: ALTON OCHSNER
Expert Consultant - Appointee
Headquarters Command
Bolling Air Force Base
Washington, D. C.
Department of the Air Force;
LOYALTY OF GOVERNMENT EMPLOYEES

Dear Sir:

Rebulet 12/2/49 requesting this office to conduct a preliminary inquiry concerning the above-captioned employee.

The Bureau is referred to my letter dated June 5, 1948, in the case entitled "EDWARD WILLIAM ALTON OCHSNER - Consultant in Chest Surgery, U. S. Marine Hospital, U. S. Public Health Service, Federal Security Agency, New Orleans, Louisiana, Loyalty of Government Employees" which reflects the results of a preliminary inquiry requested by Bureau letter dated May 28, 1948.

Inasmuch as EDWARD WILLIAM ALTON OCHSNER is identical with ALTON OCHSNER, no additional

Suite à l'assassinat de JFK, la Commission Warren est arrivée à la Nouvelle-Orléans pour enquêter sur les personnes soupçonnées d'être impliquées dans le complot.

Le jour de l'arrivée de la Commission à la Nouvelle-Orléans, le 21 juillet 1964, le Docteur Mary Sherman a été retrouvée sauvagement poignardée à mort et gravement brûlée à son domicile.

SCANDALE !

Deux jours après l'assassinat de JFK, Jack Ruby a abattu Lee Harvey Oswald lors de son transfert à la prison du comté. Ruby a été reconnu coupable de meurtre et a été condamné à la peine de mort, qui fût annulée en appel en octobre 1966. Avant qu'un deuxième procès ne puisse débuter, Ruby est décédé d'une embolie pulmonaire peu de temps après avoir été diagnostiqué atteint d'un cancer foudroyant, dans l'établissement même où Oswald et JFK ont été déclarés morts, l'hôpital Parkland de Dallas, au Texas.

Après une longue carrière dans l'OSS, qui a conduit à la création de la CIA en 1947, Wild Bill Donovan a été directeur du *NYC Cancer Committee de l'American Cancer Society* en 1952, Président du conseil d'administration de l'ACS de 1950 à 1952, et Président du comité exécutif de *l'American Cancer Society* en 1953. Une amie de Donovan, Mary Lasker, épouse de l'éminent « père de la publicité moderne », Albert Lasker, était présidente honoraire du conseil d'administration de *l'American Cancer Society*, qui a joué un rôle clé dans les efforts de collecte de fonds pour le programme de recherche et a fait pression pour l'expansion des *National Institutes of Healthcare,* multipliant par 150 le budget.

Plus tard, elle a joué un rôle déterminant dans l'adoption de la *National Cancer Act* de 1971, qui accordait des fonds gouvernementaux au *National Cancer Institute*.

Albert et Mary Lasker étaient également des personnages éminents des débuts du planning familial. La Fondation Albert et Mary Lasker a largement financé la recherche biomédicale, ainsi que l'un des prix les plus prestigieux de la recherche médicale, le *Prix Lasker*. Près de 90 lauréats du prix Lasker ont reçu des prix Nobel. Parmi eux figuraient le Dr Albert B. Sabin et le Dr Jonas Salk pour leurs innovations en tant que deux des premiers développeurs d'un vaccin contre la polio.

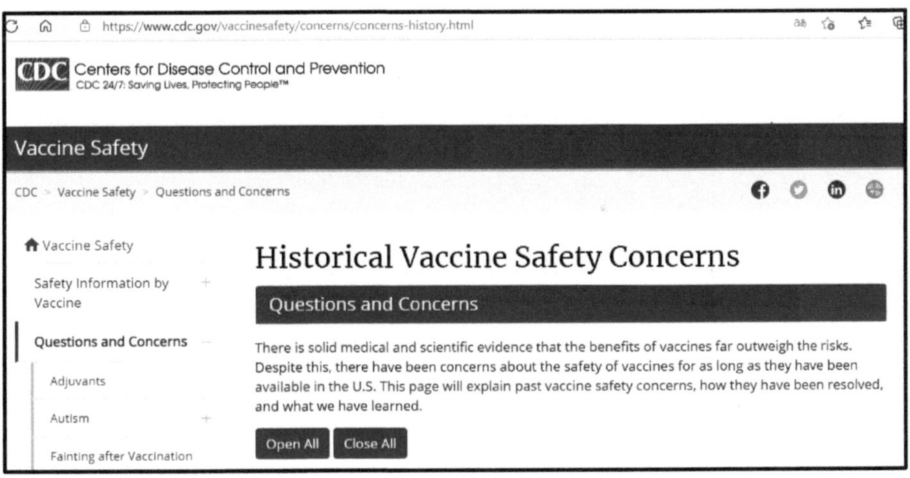

Jusqu'en 1963, selon le CDC, les vaccinations Sabin et Salk contenaient le virus simien 40 (SV40), exposant des millions de personnes à une forme de cancer, comme en attestent de plus en plus de preuves. « Le virus [SV-40] provenait de cultures de cellules rénales de singe utilisées pour fabriquer des vaccins contre la polio à cette époque ».

SCANDALE !

En outre, le CDC déclare : « De 1955 à 1963, on estime que 10 % à 30 % des vaccins contre la polio administrés aux États-Unis étaient infectés par le virus simien 40 (SV40) ».

SCANDALE !

Environ 100 millions d'enfants et d'adultes aux États-Unis entre 1955 et 1963, et d'innombrables autres dans le monde, ont été inoculés avec le vaccin contre la polio SV-40 contaminé. Des rapports sur la détection de l'ADN du SV40 dans divers cancers ont soulevé de graves inquiétudes quant à savoir si l'inoculation par inadvertance avec SV40 a conduit au développement d'un cancer chez l'homme, selon un rapport 2006 du Journal of Clinical Oncology.

SCANDALE !

En 2003, la Chambre des représentants des États-Unis a tenu une audition sur les vaccins envenimés contre la polio et leur lien possible avec le cancer.

Mme Lasker a également été administratrice de l'Institut de recherche sur le cancer et directrice du Comité national pour l'hygiène mentale. Elle est restée présidente de la *Fondation Albert et Mary Lasker, et* présidente honoraire de *l'American Cancer Society* jusqu'à sa mort en 1994. Sa dernière apparition publique a eu lieu en octobre 1993 lors du déjeuner des Albert Lasker Awards à New York, présidée par la Première Dame Hillary Rodham Clinton.

Malgré des milliards de fonds philanthropiques et gouvernementaux, la guerre contre le cancer a fait rage, atteignant le sommet des courbes de diagnostic et de mortalité au début des années 1990 pour diminuer lentement ces dernières années.

Le cancer est toutefois resté la deuxième cause de décès en Amérique à ce jour. Les citoyens inquiets se demandent pourquoi les milliards collectés pour la recherche sur le cancer ont produit moins de résultats que prévu au fil des décennies, et affirment que les fonds filtrés par *l'American Cancer Society* n'ont jamais été destinés à développer un « remède ».

L'American Cancer Society reste l'une des organisations à but non lucratif les plus riches au monde, avec 736 millions de dollars de dons du public reçus en 2017.

Le montant astronomique de ces sommes soulève la question suivante : qu'arriverait-il au financement de *l'American Cancer Society* si un remède venait à être découvert ?

Je t'encourage vivement 95 à regarder ce soir chez toi le documentaire percutant de 17 minutes sur l'histoire de Royal Rife et sa recherche médicale, qui a été fortement réprimée par la grande industrie pharmaceutique et chirurgicale de Rockefeller.

Dès que tu as fini de lire 95, rendez-vous en salle de rédac, et n'oublie pas de verrouiller ton ordinateur.

4.

Il est peu probable que les menteurs admettent leurs mensonges, sans parler des excuses pour le mal qu'ils ont causé.

Il y aurait 23,3 millions de personnes sous traitement anti-VIH. La nouvelle pilule « trois-en-un » coûte 75 dollars par an et par personne dans les pays en voie de développement.

Il s'agit potentiellement de l'une des plus grosses caisses noires de notre époque, perpétrée par plus de 35 gouvernements, des « Philanthropes », des politiciens, des soi-disant élites et des célébrités. Tout ce petit monde joue sur la corde sensible du peuple, en lui demandant de faire don de son argent durement gagné, au « Fonds mondial », afin d'aider à vaincre, le sida, la tuberculose, le paludisme et sans aucun doute, la COVID-19.

Mais est-ce vraiment le cas ?

Quelle part exacte de ces dons est réellement consacrée à la lutte contre ces fléaux, très souvent créés par l'homme lui-même ?

Je parle de MILLIARDS de dollars, 95, qui changent de mains entre les gouvernements et les riches.

La succession de scandales secoue cette « noble cause ». Une cause qui devrait faire l'objet d'une enquête, mais qui osera enquêter ? Nous, 95 !

Le Fonds Mondial est une pieuvre aux multiples armes. Après que quelques « élites » et certains gouvernements aient orchestré la structure, tout le monde s'est jeté, comme des affamés, pour prendre sa part du gâteau.

Des dizaines d'ONG et de célébrités ont rapidement pris leur « rôle d'ambassadeur » au sérieux en créant des fondations, comme celles de « RED » et « ONE » du chanteur Bono.

Ils s'en mettent plein les poches en enterrant des innocents ; « Mort pour de l'argent » devrait être écrit sur des millions de tombes, sans oublier ceux qui ne marcheront plus, ne parlerons plus, assis sur leur fauteuil roulant, attendant de passer derrière le miroir.

Afin de divulguer ces informations « open source » et démontrer leurs interconnexions, il est indispensable de connaître la chronologie des faits.

Il y a de nombreuses raisons 95, qui deviendront évidentes au fur et à mesure que tu liras ce mail, telles que l'implication de trois présidents américains et d'un couple en particulier, mouillé dans le SIDA depuis les années 70.

Ah j'allais oublier 95, je t'invite demain soir, après notre show chez le big boss dans le plus réputé des restaurants de la ville : chez moi !

*

C'est parti et accroche-toi bien !

Au cours de l'année 1959, le premier cas connu de VIH chez un être humain a été détecté suite à l'étude d'échantillons de sang prélevés sur un homme décédé au Congo et soigneusement conservés. L'analyse moléculaire des gènes de cet échantillon mettait en évidence deux des six gènes du génome complet du VIH.

Le 28 juin 1959, Ardouin Antonio, un commis d'expédition haïtien de 49 ans, a succombé à New York d'une maladie étroitement associée au sida, la *pneumonie à Pneumocystis carinii*. Gordon Hennigar, qui a effectué l'examen post-mortem, a conservé les poumons d'Ardouin pour une étude ultérieure, afin de démontrer qu'il avait probablement le sida.

Dans les années 1960, les scientifiques ont supposé que le VIH-2, une variante virale trouvée en Afrique de l'Ouest, a été transféré à des personnes de *Sooty Mangabey Monkeys* en Guinée-Bissau.

Au cours de la décennie suivante de 1960 à 1970, le SIDA a commencé à se propager dans toute l'Amérique, à Saint-Louis, New York, San Francisco, Los Angeles et New Jersey. D'autres cas ont été dépistés en Afrique, en Haïti, en République dominicaine, en France, au Portugal et dans d'autres lieux.

De 1963 à 1994, le « business » du sida battait son plein. Les caisses noires se remplissaient, et cela continue encore aujourd'hui.

Avec la propagation du SIDA aux États-Unis, un horrible scandale s'est produit dans l'unité correctionnelle de l'Arkansas, plus précisément dans la prison de Cummins.

En 1979, lorsque William J. Clinton est devenu gouverneur de l'Arkansas, le conseil des prisons de l'État a attribué un contrat à une société de Little Rock appelée *Health Management Associates* (HMA). La société recevait trois millions de dollars par an pour gérer les services médicaux du système pénitentiaire de l'État.

HMA a mis en place une activité parallèle consistant à régler la somme de 7 dollars à chaque détenu qui acceptait de se faire prélever du sang.

Chaque dose a ensuite été vendue 50 dollars par *HMA* avec la complicité du département des services correctionnels de l'Arkansas, à des sociétés pharmaceutiques comme : Bayer et Baxter International, des banques de sang telles que Continental Pharma Cryosan Inc. à Montréal, Pine Bluff Biologicals, et la Croix-Rouge.

Ces dernières transformèrent le plasma en médicaments pour hémophiles, qu'ils envoyèrent au Canada, en Europe et en Asie. Ce « business » pour *Health Management Associates* (HMA) représentait sept millions de dollars par an.

Tu me suis toujours 95 ?

Le pire est à venir ma chère.

L'AMA (American Medical Association) savait très bien que certains échantillons étaient infectés, et c'est en toute connaissance de cause que *HMA* a continué à prélever le sang des prisonniers, envenimant ainsi des populations entières par l'hépatite C et le SIDA !

SCANDALE !

Dans les années 1980, de nombreuses entreprises, dont la division *Cutter Biologic* de Bayer, fabriquaient de dangereux produits pour traiter l'hémophilie.

Le produit pharmaceutique - élaboré à partir du sang de donneurs recrutés à travers les États-Unis - a été contaminé par le virus VIH à un moment où il ne pouvait pas être dépisté. Ce qui a conduit à des poursuites judiciaires pendant plus de vingt ans.

C'était l'affaire du sang contaminé, 95.

C'est en 1983 que la FDA (Food and Drug Administration) a reconnu que le plasma était infecté et qu'elle a suspendu le programme pendant 6 mois !

SCANDALE !

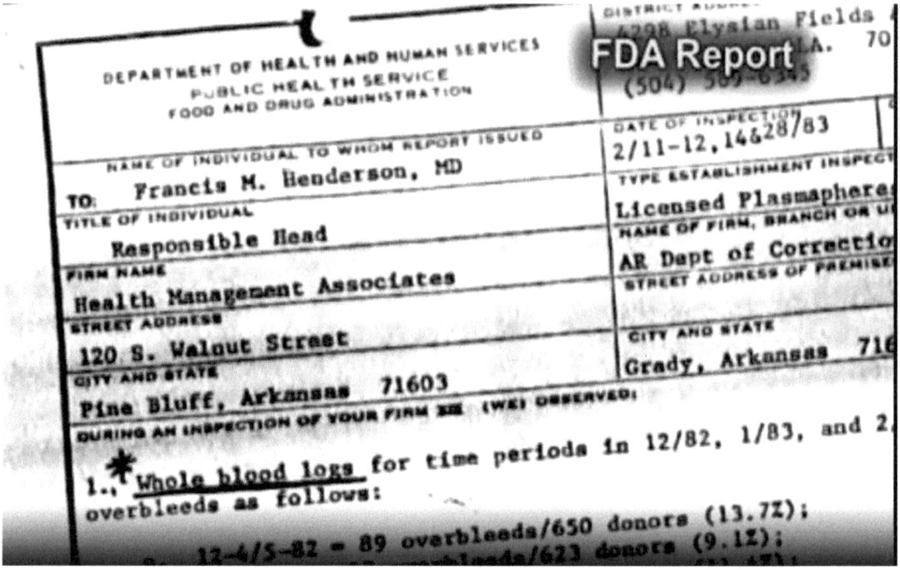
FDA Report

DEPARTMENT OF HEALTH AND HUMAN SERVICES
PUBLIC HEALTH SERVICE
FOOD AND DRUG ADMINISTRATION

DISTRICT ADDRESS
4298 Elysian Fields
(504) 589-6345

NAME OF INDIVIDUAL TO WHOM REPORT ISSUED
TO: Francis M. Henderson, MD

DATE OF INSPECTION
2/11-12,14&28/83

TITLE OF INDIVIDUAL
Responsible Head

TYPE ESTABLISHMENT INSPECTED
Licensed Plasmaphere

FIRM NAME
Health Management Associates

NAME OF FIRM, BRANCH OR UNIT
AR Dept of Correctio

STREET ADDRESS
120 S. Walnut Street

STREET ADDRESS OF PREMISES

CITY AND STATE
Pine Bluff, Arkansas 71603

CITY AND STATE
Grady, Arkansas 71

DURING AN INSPECTION OF YOUR FIRM (WE) OBSERVED:

1.,* Whole blood logs for time periods in 12/82, 1/83, and 2
overbleeds as follows:
12-4/5-82 = 89 overbleeds/650 donors (13.7%);
(9.1%);

Que penses-tu que la société Health Management Associates (HMA) ait fait, 95 ?

Eh bien, elle a fait appel à un ami du gouverneur William J. Clinton, un certain Leonard Dunn pour enquêter.

HMA a fourni de faux documents et c'est reparti en 1984, avec l'approbation de la direction de Clinton.

Les prélèvements se sont poursuivis sur des personnes infectées, et les caisses noires ont continué de se remplir, pendant que l'on creusait des tombes.

SCANDALE !

En 1984, le Dr Robert C. Gallo a Co-découvert que le VIH était la cause du SIDA. Il a mis au point le test sanguin du VIH - test totalement inefficace qui identifie encore de faux positifs.

En 1985, il y avait plus de 20 000 cas de SIDA signalés, avec au moins un cas dans chaque région du monde, et en 1988, il y avait au moins 100 000 personnes infectées aux États-Unis.

L'OMS estimait à 400 000 le nombre de cas sur terre. L'épidémie fut officiellement déclarée.

SCANDALE !

En 1987, la FDA a approuvé le premier médicament antiviral appelé azidothymidine (AZT), produit par *Burroughs Wellcome Company* sous le nom de marque Retrovir, fondé par Henry Wellcome et Silas M. Burroughs, en 1880 à Londres.

Prête pour la tournure prévisible 95 ?

Le New York Times a rapporté que la *Burroughs Wellcome Company,* était en fait le *Burroughs Wellcome Fund* (BWF), une fondation de recherche biomédicale indépendante basée à Research Triangle Park, Caroline du Nord, créée en 1955.

En 1993, un « don » de 400 millions de dollars du *Wellcome Trust* a permis à BWF de devenir totalement indépendante facilitant son acquisition par *Glaxo plc* pour 14,1 milliards de dollars en 1995, sous le nom fusionné de *Glaxo Wellcome plc*.

En 2001, *Glaxo Wellcome plc* a fusionné avec SmithKline, GlaxoSmithKline (GSK) devenant la troisième plus grande société pharmaceutique au monde en termes de revenus et le plus grand producteur de médicaments anti-VIH pendant plus d'une décennie jusqu'à ce qu'ils commencent à voir la concurrence arriver.

La Fondation Bill & Melinda Gates a financé des millions de dollars GSK pour la recherche sur le VIH et les médicaments.

Aujourd'hui, Gilead et GlaxoSmithKline se battent pour devenir le leader du marché du VIH de 26 milliards de dollars par an. Le marché mondial des médicaments anti-VIH a dépassé une valeur de 24,7 milliards de dollars en 2018.

Jusqu'au milieu des années 90, des milliers de personnes sont décédés après avoir consommé trop d'AZT jusqu'à ce qu'on se rende compte que ces surdosages tuaient des gens - principalement de jeunes hommes homosexuels, et qu'il fallait donc réduire la posologie.

SCANDALE !

En 1988, le Harvard AIDS Institute a été rapidement créé.

En 1993, le film « Philadelphie » est sorti pour propager la peur d'une maladie infectieuse redoutée et mortelle, avec Tom Hanks en avocat homosexuel séropositif.

En 1994, le programme de prélèvements a été officiellement arrêté, suite à l'élection présidentielle de Bill Clinton, mais ce n'est pas là que son implication dans le sida a pris fin. En fait, elle ne faisait que commencer. Ses décrets exécutifs et la formation illégale de la *Clinton Health Access Initiative* en brossent un tableau assez précis.

Si tu penses qu'il est intéressant de développer, 95, je fais.

En 1997, la FDA a approuvé le Combivir, le premier médicament antirétroviral pour le SIDA, qui est une combinaison de Retrovir et Epivir, produit par GlaxoSmithKline. Ben voyons !

En 1999, une poursuite a été déposée contre des associés américains et le laboratoire de Montréal.

En 2005, la Croix-Rouge a plaidé coupable d'avoir utilisé le sang contaminé qui a amené plus de 1 000 Canadiens à contracter le VIH transmissible par le sang et jusqu'à 20 000 à être infectés par l'hépatite C, tuant plus de 3 000 personnes en 1997. Le montant de l'amende ? 4 000 dollars !

SCANDALE !

Kelly Duda a enquêté sur le sujet. Il a essayé sans relâche d'obtenir les archives officielles de l'État, seulement pour découvrir que le gouverneur Clinton avait gardé 4000 boîtes de documents du département d'État dans un entrepôt privé pendant toute la durée de son mandat de gouverneur.

« Ils » prétendront que l'épidémie de SIDA provenait de singes, mais la réalité est qu'entre le vaccin antipoliomyélitique infecté et le sang infecté des prisonniers de l'Arkansas, ce sont les humains qui l'ont propagé.

La question est « combien d'erreurs » pour « combien d'actions faites intentionnellement » ?

... »

Kevin envoie un mail à Cassie après l'avoir informée par un SMS sur son téléphone.

Coucou 95, voici un premier jet de mes recherches sur le VIH. Et j'attends toujours ton doc sur le H1N1.

Alors c'est OK pour un repas dans le meilleur restaurant de la ville ?

5.

Les mensonges exigent un engagement, n'est-ce pas Monsieur Thomas Frieden ?

Cassie et Kevin échangent par SMS.

—Bien reçu ton mail, Petit Jedi. Pas mal ! Mais très incomplet. Pour un expert en cyber investigation comme toi, je m'attendais à mieux.

—Ah ouais !

—Te souviens-tu de la réplique « C'est un piège ! » dans le film « Le retour du Jedi », de la série Star Wars de Georges Lucas ?

—Je suis un chevalier Jedi, 95. Mon maître est Yoda.

—Tu ressembles plus à Chewbacca qu'à Luck ! Bon ceci dit, je vais essayer de commencer les recherches sur la COVID-19.

— « Fais ou ne fais pas, d'essai il n'y a pas », 95.

—OK Chewbacca. Et appelle-moi Princesse, si tu veux que je te rejoigne un soir dans ta grotte au coin du feu.

—Au fait, pourquoi « C'est un piège » ?

—Je ne t'entends plus, problèmes d'inférences.

*

« …

Sais-tu ce qu'est le « H1N1 2009 » Petit Jedi ?

Le H1N1 2009 est un nouveau virus grippal causant des maladies chez les humains. Cette saleté détectée pour la première fois aux États-Unis en avril 2009, se propage d'une personne à l'autre dans le monde entier, probablement de la même manière que les virus de la grippe saisonnière.

Pourquoi le virus H1N1 de 2009 est-il parfois appelé « grippe porcine » ?

Parce qu'à l'origine les tests de laboratoire ont montré que de nombreux gènes du virus étaient très similaires aux virus grippaux qui se produisent normalement chez les porcs en Amérique du Nord. Mais une étude plus approfondie a montré que le H1N1 2009 est très différent. Il possède deux gènes issus du virus de la grippe de ces porcs, des gènes d'oiseaux (aviaires) et des gènes humains.

Le 11 juin 2009, l'Organisation Mondiale de la Santé (OMS) a déclaré qu'une pandémie de grippe H1N1 2009 était en cours.

Fin juillet 2009, Thomas Frieden, le directeur des CDC (The Centers for Disease Control and Prevention, Centres pour le contrôle et la prévention des maladies), a « soudainement » conseillé aux 50 États d'arrêter les tests de dépistage de la grippe H1N1 et de cesser de compter les cas individuels.

Pourquoi gaspiller des ressources de tests pour la grippe H1N1 alors que le gouvernement a déjà confirmé l'épidémie ?

Cette décision de stopper les tests de dépistage, interpella la journaliste d'investigation Sharyl Attkisson, de CBS EVENING NEWS.

Elle apprit que la cessation de comptage des cas de grippe H1N1 avait été prise si précipitamment que les États n'avaient pas eu la possibilité de donner leur avis.

Au lieu de cela, le 24 juillet 2009, le Conseil des épidémiologistes d'État et territoriaux a émis l'avis suivant aux responsables de la santé publique de l'État au nom du CDC :

« Vous trouverez ci-joint les questions-réponses qui seront affichées sur le site Web des CDC demain, expliquant pourquoi les CDC ne signalent plus le nombre de cas pour le nouveau H1N1.

Le CDC aurait aimé que vous y répondiez. Quant à vos commentaires, malheureusement, nous n'avons pas assez de temps pour les publier sur notre site internet ».

Et vlan, dans les dents !

CBS EVENING NEWS w/SCOTT PELLEY

By SHARYL ATTKISSON / CBS NEWS / October 27, 2009, 6:05 PM

Freedom of Information: Stalled at CDC and D.C. Government

Comment / Shares / 5 Tweets / Stumble / Email

Suite à cette réaction, Sharyl Attkisson déposa une demande d'accès à l'information auprès du ministère de la Santé et des Services sociaux (HHS) et posta un message qui en disait long sur l'attitude du CDC et du Gouvernement sur le site internet de CBS EVENING NEWS : « Freedom of Information Stalled at CDC and D.C Governement » qui signifie en bon français que la CDC et le Gouvernement bloquent la liberté d'informer.

Deux mois plus tard, la demande n'était toujours pas satisfaite.

Elle réclama en vain les résultats des tests état par état.

Sharyl a finalement reçu une réponse par courrier déclarant que sa demande avait été refusée parce que ce n'est... « pas une question d'intérêt général pour le public ».

Tu connais la maxime, Petit Jedi.

« Lorsque c'est flou, il y a un loup ».

Elle a donc demandé aux 50 États leurs statistiques sur le virus H1N1 confirmées par les laboratoires d'État avant l'arrêt des tests individuels et du comptage en juillet.

Les résultats furent surprenants.

La grande majorité des cas étaient négatifs au H1N1 ainsi que pour la grippe saisonnière, bien que de nombreux États testaient spécifiquement les patients considérés comme les plus susceptibles d'avoir la grippe H1N1, en fonction des symptômes et des facteurs de risque, tels que les voyages au Mexique.

CBSNEWS Video US World Politics Entertainment Health Money

By SHARYL ATTKISSON / CBS / *October 21, 2009, 9:03 AM*

Swine Flu Cases Overestimated?

If you've been diagnosed "probable" or "presumed" 2009 H1N1 or "swine flu" in recent months, you may be surprised to know this: odds are you didn't have H1N1 flu.

In fact, you probably didn't have flu at all. That's according to state-by-state test results obtained in a three-month-long CBS News investigation.

The ramifications of this finding are important. According to the Centers for Disease Control and Prevention (CDC) and Britain's National Health Service, once you have H1N1 flu, you're immune from future outbreaks of the same virus.

Comment était-il possible que le CDC, les centres pour le contrôle et la prévention des maladies aient annoncé une épidémie de H1N1 alors qu'il n'y aurait eu pratiquement aucun cas détecté suite aux tests, avant leur arrêt ?

Y aurait-il eu une surestimation des cas de H1N1 (grippe aviaire) posta-t-elle comme conclusion sur le site de CBS EVENING NEWS.

À ton avis où est le loup, Petit Jedi ?

En bout de ligne du scandale, il y a le directeur du CDC, le Docteur Frieden qui a ordonné à tous les États d'arrêter de faire des tests, et a plutôt encouragé tout le monde à aller se faire vacciner (30 millions de doses), juste pour « être en sécurité » tout en exposant les gens à des effets secondaires, dont la paralysie et la mort !

SCANDALE !

S'adressant à CBS « 60 Minutes », le Docteur Frieden, a déclaré : « Nous sommes convaincus qu'il sera efficace, nous avons toutes les raisons de croire qu'il sera sûr. ».

La méthode Coué, tu connais Petit Jedi ?

Que dire des effets secondaires rares, mais importants, tels que la paralysie du syndrome de Guillain-Barré ?

Est-ce une décision responsable de la part de quelqu'un qui est censé veiller au bien-être de tous les Américains ?

Qu'y avait-il dans ce vaccin ?

Quel est le montant encaissé par le fabricant de 30 millions de doses ?

Effectivement, la surestimation des cas de H1N1 était un piège pour que les personnes ignorant si elles étaient infectées ou non, puisqu'il n'y avait plus de test, n'aient plus qu'une seule solution : SE FAIRE VACCINER.

Quant aux effets secondaires, tout est resté caché...

Mais l'histoire de ce scandale serait incomplète si on ne parlait pas « argent ».

Quel fut le mécanisme de cette opération ?

Lorsque le département d'État, le ministère de la Défense et l'USAID (Agence des États-Unis pour le développement international) approuvent le financement pour le contrôle et la prévention des maladies, ces fonds sont transférés aux CDC. Normal, ces organismes en sont les pilotes.

Ils sont ainsi chargés de « distribuer » les milliards de dollars des contribuables américains à des « partenaires » tels que les gouvernements étrangers, les agences gouvernementales américaines, les ministères de la Santé, l'OMS, les fondations, les établissements universitaires, les ONG, les organisations confessionnelles, les entreprises et autres organisations privées.

Entre 2010 et 2017, le CDC a fait un don de 5 et 10 millions de dollars à *Clinton Health Access Initiative*. Il est très intéressant de souligner ce fait, étant donné que le docteur Frieden était le directeur du CDC de 2009 à 2017.

Comme rapporté par *PR Newswire*, *EcoWatch* et dans le film *Vaxxed*, le Dr William Thompson, prévoyait de témoigner dans une affaire judiciaire au Tennessee impliquant un garçon de 16 ans qui affirmait que son autisme avait pour cause le vaccin. Malheureusement, le Docteur Thomas Frieden lui a demandé par courrier de ne pas le faire.

PR Newswire rapporte : le « Docteur Thompson a déclaré publiquement aux membres du Congrès William Posey et à ses collègues de la Direction de la sécurité des vaccins des CDC, qu'il avait reçu l'ordre de commettre une fraude scientifique, de détruire des preuves et de manipuler les données pour dissimuler le lien entre l'autisme et le vaccin H1N1 !

Plus j'avance dans nos recherches Petit Jedi, et plus je me dis que tout n'est que « mensonge, mensonge et chiffres ».

Avec tout ce qui se passe, les gens ne savent plus qui croire. Les émotions négatives comme la peur, l'inquiétude et l'anxiété ont désactivé leur instinct naturel de survie « Fuir ou Combattre » Pourquoi ?

Selon les médecines orientales, les méridiens (circuits électriques) qui vont du cerveau aux surrénales qui contrôlent le mécanisme « fuis ou combat » sont désactivés - parfois de façon permanente !

La même chose se produit lorsque des individus perdent leur intuition innée.

Mais pour moi, ce n'est pas encore le cas. Mon intuition féminine me chuchotait à l'oreille que le directeur du CDC, nommé par le Président Obama, le Docteur Thomas Frieden, finirait mal.

Il a été arrêté par le FBI le 24 août 2018 pour contact forcé, abus sexuels et harcèlement, par suite de la plainte d'une femme, amie de Frieden et de sa famille depuis plus de 30 ans.

Bloomberg

Politics

Former CDC Director Thomas Frieden Accused of Groping Woman

THE ASSOCIATED PRESS (KAREN MATTHEWS)

24 août 2018 à 18:17 UTC+2 *Updated on 25 août 2018 à 09:23 UTC+2*

Pour ma part, cette arrestation est l'arbre qui cache la forêt.

Les abus sexuels, sans vouloir les minimiser, sont prétextes à des dissimulations. Pendant ce temps, des milliards de dollars de contribuables ont pu être injectés dans des magouilles. Les scandales sexuels servent d'écran pour masquer ceux qui sont impliqués à des niveaux beaucoup plus élevés de corruption. Thomas Frieden n'est pas « l'un des experts médicaux les plus respectés du pays ». Il n'est que la cheville ouvrière de politiciens et de « philanthropes » corrompus.

Les vraies questions que chacun devrait se poser sont :

Que font-ils vraiment avec les milliards de dollars des contribuables alloués à notre santé ?

Pourquoi créer des systèmes de santé électroniques pour suivre les données personnelles de chacun, tout en créant des registres obligatoires ? Je suis persuadé que dans quelque temps un certificat électronique de vaccination, accessible par satellite sera exigé.

Quelles données recherchent-ils vraiment ?

Si le but est le dépeuplement, la mort ne peut être un dommage collatéral, mais au contraire le but à atteindre.

Pourquoi les CDC ne partagent-ils pas les informations sur le contenu des vaccins ?

Pourquoi y a-t-il une surestimation du nombre de « malades » ?

Pourquoi « veulent-ils » que l'on se vaccine ?

—Une dernière question avant que tu ne reprennes ton vaisseau spatial petit Jedi, Le syndrome de Guillain-Barré, tu connais ?

—C'est à moi que te cause Princesse ?

—Non à Guillain-Barré. Bon tu connais ou pas ?

—Je ne suis pas docteur en médecine.

—Ah bon ? Alors pourquoi tous les matins tu me demandes si j'ai pris ma température ?

—Juste pour savoir si je dois porter un masque et me tenir à 3 mètres de toi.

—Pourquoi 3 ?

—Les experts nous disent qu'il faut une distance de 2 mètres, et comme je n'ai pas confiance ? je rajoute un mètre.

—Tu essayes de noyer de poisson car tu ne connais pas le syndrome de Guillain-Barré. Allo Google ? « Le syndrome de Guillain-Barré est une affection rare dans laquelle le système immunitaire du patient attaque les nerfs périphériques. Bien qu'elle puisse toucher les personnes de tout âge, cette maladie est plus fréquente à l'âge adulte et chez les sujets de sexe masculin ».

—Et alors ?

—Et alors ? D'après une communication de neurologues sur le site de la librairie de la santé américaine, le vaccin de Pfizer provoquerait ce type de syndrome.

—As-tu des preuves irréfutables ?

—Tu me prend pour une amatrice. Voici une image et le lien internet de l'article des neurologues publié le 21 février 2021 sur le site du gouvernement.

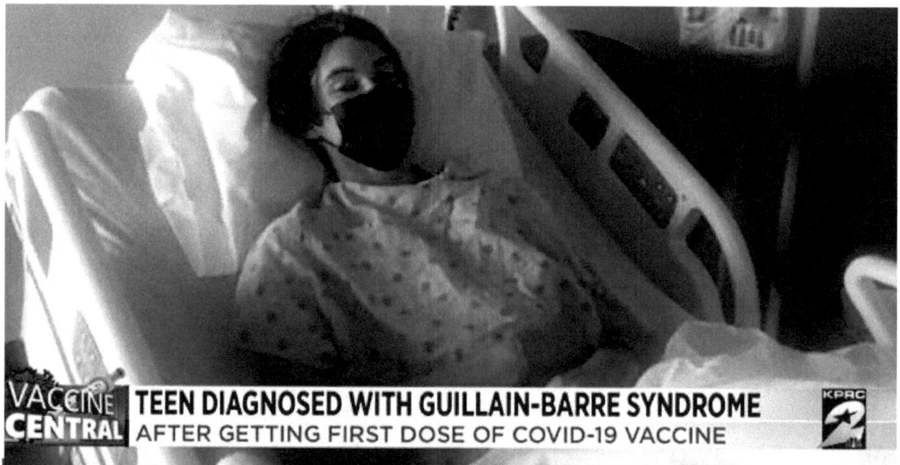

NCBI Resources How To

PMC
US National Library of Medicine
National Institutes of Health

PMC

Advanced Journal list

COVID-19 is an emerging, rapidly evolving situation.

Public health information (CDC) | Research information (NIH) | SARS-CoV-2 data (NCBI) | Prevention and trea

Cureus. 2021 Feb; 13(2): e13426.
Published online 2021 Feb 18. doi: 10.7759/cureus.13426

PMCID: PMC7978140
PMID: 33758714

Neurological Complications of COVID-19: Guillain-Barre Syndrome Following Pfizer COVID-19 Vaccine

Monitoring Editor: Alexander Muacevic and John R Adler

Sadia Waheed,[1] Angel Bayas,[1] Fawzi Hindi,[1] Zufe Rizvi,[1] and Patricio S Espinosa[1]

▸ Author information ▸ Article notes ▸ Copyright and License information Disclaimer

Neurological Complications of COVID-19: Guillain-Barre Syndrome Following Pfizer COVID-19 Vaccine (nih.gov)

—Bizarre, ce n'est pas le message que nous balance les médias et autres journalistes sur les plateaux de télévision.

— Comment çà bizarre ?

— « Moi, j'ai dit bizarre... bizarre ? Comme c'est étrange... Pourquoi aurais-je dit bizarre... bizarre...

— Je t'assure, petit Jedi que tu as dit bizarre.

— Moi, j'ai dit bizarre ? Comme c'est bizarre... ». Alors que la Foce soit avec !

— Ave Petit Jedi.

6.

Un mensonge peut en cacher un autre.

Cassie et Kevin échangent en permanence, mélange de « dur et véridique » selon l'expression consacrée de Douglas Peterson, le rédacteur en chef du journal.

Tous deux sont des fans, de Star Wars.

—Coucou Princesse Leia, ici Obi-Wan Kenobi. « Être en colère, c'est être humain ». Pas mal, pas mal ton rapport sur le H1N1. Je me suis permis d'ajouter quelques trucs.

« ...

Avant que le docteur Thomas Frieden, spécialiste dans le domaine des maladies infectieuses, fasse la connaissance du FBI, il nous a refait le coup du H1N1. N'oublie pas qu'il a été le directeur du CDC du 8 juin 2009 au 20 janvier 2017.

En avril 2016, Thomas Frieden a lancé une alerte, tout en rassemblant plus de 300 autorités et experts locaux, étatiques et fédéraux au CDC basé à Atlanta.

C'est ainsi qu'un nouveau registre des grossesses a été créé, et les médecins de tout le pays incitèrent les femmes à se faire tester et suivre... et se faire vacciner.

2015 Case Counts in the US

2020 | 2019 | 2018 | 2017 | 2016 | 2015

Final data reported to ArboNET
In 2015, Zika was not a nationally notifiable disease in the United States. However, Zika cases could be reported to ArboNET, the national surveillance system for arthropod-borne diseases. These are final **2015** data reported to ArboNET for Zika virus disease.

US States

- 62 symptomatic Zika virus disease cases reported*
  - 62 cases in travelers returning from affected areas
  - 0 cases acquired through presumed local mosquito-borne transmission
  - 0 cases acquired through other routes (e.g., sexual, laboratory, or blood borne transmission)

US Territories

- 10 symptomatic Zika virus disease cases reported*
  - 1 case in a traveler returning from an affected area
  - 9 cases acquired through presumed local mosquito-borne transmission

Cette déclaration alarmiste était basée sur un rapport de 2015 du CDC, faisant état de 62 « cas symptomatiques » et de 10 « cas asymptomatiques » à travers les territoires des États-Unis !

En 1947 La Fondation Rockefeller obtient un échantillon de la souche du virus Zika, découvert pour la première fois par son Institut de recherche sur les virus, à Entebbe, en Ouganda.

Une portion de la souche virale a ensuite été remise à ATCC, une organisation à but non lucratif qui authentifie et préserve les micro-organismes pour la recherche. En 2015 et 2016, des épidémies de virus Zika sont soudainement apparues à Puerto Rico, dans les îles Vierges américaines, en Floride et au Texas. Le virus Zika est transmis par les moustiques, provoquant de la fièvre et des éruptions cutanées, possiblement facteur de microcéphalie chez les bébés nés de mères infectées pendant la grossesse. Les gouvernements successifs et Bill Gates ont réuni 18 millions de dollars pour que les chercheurs libèrent les moustiques.

Pour lutter contre cette vague épidémique, l'administration Obama a demandé plus de 1,89 milliard de dollars de financement supplémentaire pour la riposte au Zika.

Autant d'argent pour si peu de cas !

Ne pas oublier Princesse que c'est le Président Obama qui a nommé le docteur Thomas Frieden au poste de directeur du CDC.

Quelques semaines plus tard, l'OMS a déclaré que l'épidémie de virus Zika était une urgence de santé publique de portée internationale.

Le 29 juillet 2016, le Washington Post a soutenu que : « Zika se propage de manière explosive à Porto Rico, selon les rapports. Apparemment, il y a eu un énorme bond aux États-Unis. Le CDC a signalé 5168 « cas symptomatiques » aux États-Unis et 36 512 « cas asymptomatiques » dans les territoires des États-Unis.

À peine deux mois plus tard, le financement a été adopté.

Mais le 18 novembre 2016, le même journal a publié : « L'OMS ne considère plus Zika comme un risque pour la santé mondiale. »

Les fabricants de vaccins ont vite étouffé l'affaire.

En juin 2017, le Washington Post a rapporté que Porto Rico déclarait que « l'épidémie de Zika était terminée ».

Étant donné que la majorité des cas sont « symptomatiques », il est certain que les chiffres indiqués ont été gonflés, un peu comme ce qui s'est passé avec la grippe porcine.

Que contenaient les vaccins contre le virus Zika ?

Je l'ignore, en revanche je sais que des vaccins expérimentaux à ARNm ont été développés.

Le NIAID travaille avec GlaxoSmithKline (GSK), l'Université de Pennsylvanie et Moderna / Valera pour évaluer diverses technologies de vaccins à ARNm afin d'identifier des candidats immunogènes et évolutifs.

Moderna un nom à retenir, Princesse.

NIH National Institute of Allergy and Infectious Diseases

Research | Diseases & Conditions | Grants & Contracts | Clinical Trials | New

Diseases & Conditions > Zika

Zika Virus Vaccines

- Investigational mRNA vaccines (a gene-based platform similar to DNA vaccines). NIAID's VRC is working with GlaxoSmithKline (GSK), University of Pennsylvania and Moderna/Valera to evaluate various mRNA vaccine technologies to identify immunogenic and scalable candidates.
- A vaccine designed to protect against multiple mosquito-borne diseases, including Zika. The investigational vaccine, called AGS-v, was developed by the London-based pharmaceutical company SEEK, which has since formed a joint venture with hVIVO in London. AGS-v is designed to trigger an immune response to mosquito salivary proteins rather than to a specific virus or parasite carried by mosquitoes. The test vaccine contains four synthetic proteins from mosquito salivary glands. The

Le « registre » de surveillance sur une période de 2 ans des femmes enceintes présentant des « symptômes » du virus Zika, est toujours opérationnel à ce jour. Pour quoi faire ?

Voilà mon petit complément, Princesse.

Je vais commencer à travailler sur la COVID-19.

Je t'envoie des documents déclassifiés de la CIA.

Peux-tu regarder ?

Et n'oublie pas, après avoir remis notre dossier final au big boss, je t'invite à souper dans le meilleur restaurant de la ville !

Je viendrai te chercher avec mon nouveau vaisseau spatial.

Signé : Obi-Wan Kenobi, de la planète Terre du système solaire.

7.

Le problème n'est pas qu'ils continuent de mentir,

mais que nous continuions à les croire.

Kevin a choisi la lumière en communiquant la vérité.

Il est inquiet de l'état physique de Cassie. Le délai fixé par Douglas Peterson, le rédacteur en chef du journal, leur impose de travailler H 24 derrière un écran.

La fatigue commence à se faire sentir, et les découvertes sur les scandales leur sapent le moral.

Il ne leur reste plus que 48 heures avant de remettre leur copie complète au big-chef.

Kevin se demande s'il a bien fait de charger Cassie de l'étude d'un document déclassifié de la CIA intitulé « BRAINWASHING From A Pyschological Viewpoint » (LE LAVAGE DE CERVEAU d'un point de vue psychologique). Il lui envoie un SMS.

Approved For Release 1999/09/07 : CIA-RDP65-00756R000400050004-9

[redacted]

BRAINWASHING

from

A Psychological Viewpoint

—Coucou Princesse Leia, ici Obi-Wan Kenobi et si on allait prendre un verre dans la taverne des brigands ?

—Coucou, Obi-Wan, j'allais te le proposer.

—Je t'attends en bas près de ce qui s'appelle un ascenseur. Drôle de nom pour un engin qui monte et qui descend.

Quelques minutes plus tard, Cassie et Kevin se retrouvent dans un « speakeasy » (parle calmement à voix basse) non loin de l'immeuble du journal. Le *Please Don't Tell*, PDT pour les intimes, offre une bonne dose d'originalité et de mystère. L'ambiance y est sombre et intimiste. Les têtes d'animaux empaillés qui trônent sur les murs confèrent au lieu son caractère insolite. Les deux patrons, spécialistes des cocktails du plus classique aux plus déjantés ont déployé tous leurs talents pour concocter une carte originale.

—Qu'est-ce que tu prends, demande Kevin.

—Comme toi, Obi-Wan.

Kevin se lève et se dirige vers l'un des serveurs pour passer commande d'un ton feutré.

—Du thé ? s'interroge Cassie en le voyant poser les tasses sur la table.

—Ah, ah. C'est la première fois que tu viens ici. Les cocktails sont servis PDT dans des tasses à thé.

—Je te connais trop bien, tu me fais passer un message.

—Tout n'est qu'illusion Princesse. Un cocktail servi dans une tasse à thé, une pandémie, des chiffres.

Tout n'est qu'illusion en ce bas monde princesse. Nous ne sommes que des marionnettes.

—C'est pour cela que tu m'as demandé d'analyser le document de la CIA ?

—Oui.

—Et moi suis-je une illusion ? Un hologramme ? Et si tu me parlais un peu de toi ?

—Ma vie ordinaire est assez complexe !

—Ah OK, je vois le genre. Moi, mes goûts sont simples je me contente du meilleur.

S'ensuivit une discussion à voix basse qui fit sourire Cassie. C'était le but.

Chacun retourna ensuite dans son box afin de poursuivre les investigations.

*

« ...

Coucou Princesse.

Voici mes premiers résultats d'enquête sur le virus SARS-CoV2, alias la COVID-19. Cela va faire du bruit !

Toutes ces données sont extraites des CDC, de l'OMS, de Johns Hopkins Hospital, des conférences de presse du groupe de travail de la Maison-Blanche et d'études scientifiques.

Princesse, toutes les preuves que tu liras sont disponibles sur les liens internet ci-dessous.

1. 90% des individus positifs à la COVID sont asymptomatiques. C'est la statistique la plus significative de toutes.

2. Les COVID positifs asymptomatiques ont un taux de propagation de seulement 0,7% - moins de 1%. Ce ne sont PAS des super « infecteurs ».

3. Le taux de survie des 0 à 69 ans est de 99,82 %. Le taux de survie à 70 ans et plus est de 94,6 % avec des comorbidités élevées et d'autres causes de décès.

4. Le Docteur Deborah Birx et les responsables de la santé de l'État ont confirmé à la Maison-Blanche que tous les décès, qu'ils soient dus à des accidents de la route, des blessures par balle, des noyades, démence, overdose, alcoolisme ou séjour d'une semaine à l'hôpital, sont comptés comme décès COVID à partir du moment où ils étaient positifs au test. La plupart des gens ne sont pas morts « DE » ou « TUÉS PAR » la COVID, ils sont morts « AVEC ELLE ».

5. Seuls 6 % des certificats de décès indiquent que la COVID-19 est la cause unique du décès. En moyenne, il y a 2,9 % de comorbidités aux décès documentés de COVID. Ce nombre augmente considérablement dans les établissements de personnes âgées (EHPAD en France)

6. Il y a si peu d'hospitalisations liées à la grippe qu'elles ne sont plus comptabilisées, et que pour GONFLER le nombre, le CDC regroupe sous le nom de « PIC », l'ensemble des décès dus à la pneumonie, la grippe et la COVID-19. Un seul nom pour trois pathologies différentes !

7. 38% de tous les décès liés à la COVID ont eu lieu dans les établissements de personnes âgées et ceux de soins de longue durée, soit plus de 129 000 décès signalés. Sur ces 129 000 personnes décédées, 43 % avaient succombé à la grippe et à la pneumonie, et 31 % étaient âgées de 85 ans et plus.

8. Il est soi-disant prouvé scientifiquement que les masques doivent être portés contre les virus, selon les études de l'OMS et du Dr Anthony Fauci. Sur plus de 10 mois de leur utilisation, il n'y a eu aucune différence notable entre ceux qui les ont portés et ceux qui n'en mettaient pas. Ironiquement 85 % des personnes testées positives portaient des masques ! Le CDC a également signalé « qu'il n'y avait aucune réduction significative de la transmission de la grippe avec l'utilisation de masques faciaux », par conséquent, ils ne fonctionnent pas non plus pour la COVID.

Mais, « Deux masques sont désormais nécessaires pour entrer dans les bâtiments de la cour fédérale de Manhattan » !

SECTIONS SEARCH NEW YORK POST

Two masks now required to enter Manhattan federal court buildings

February 16, 2021 | 12:58pm |

9. Au cours de la saison grippale 2017-2018, il y a eu 810 000 hospitalisations, nombre bien supérieur aux taux d'hospitalisation de la COVID pour toute l'année. Plus de 61 000 personnes sont mortes. Aucun confinement, aucune restriction, aucune distanciation sociale ou aucun masque n'était requis.

10. Il n'y a jamais eu un échantillon de SRAS-CoV-2 isolé et purifié, si bien que le créateur du test PCR lui-même (dont je reparlerai) ainsi que d'autres scientifiques ont toujours affirmé que ce test produisait de faux positifs à cause d'un seuil de cycle trop élevé (mais pas que…), et qu'il ne devait pas être utilisé à des fins de diagnostic médical.

Je te demande Princesse, il sert à quoi le test PCR ?

11. Les vaccins ont déjà montré de terribles effets secondaires, avec probablement des causes d'infertilité. Les médecins du monde entier ont mis en garde contre ces vaccins qui ont été diffusés en un temps record sans essais cliniques à long terme.

https://www.cdc.gov/mmwr/volumes/69/wr/mm6936a5.htm

https://wwwnc.cdc.gov/eid/article/26/5/19-0994_article

https://www.ncbi.nlm.nih.gov/pmc/articles/PMC7219423/

https://abcnews.go.com/Health/remarks-rare-asymptomatic-spread-coronavirus-misunderstanding/story?id=71156748

https://web.archive.org/web/20200829095213/https://www.nytimes.com/2020/08/29/health/coronavirus-testing.html

https://web.archive.org/web/20200421010952/https:/www.washingtonpost.com/outlook/2020/04/20/we-tested-all-our-patients-covid-19-found-lots-asymptomatic-cases/

https://jamanetwork.com/journals/jamanetworkopen/fullarticle/2774102

https://www.cdc.gov/vaccines/acip/meetings/downloads/slides-2020-10/COVID-Anderson.pdf

https://www.cdc.gov/nchs/nvss/vsrr/covid19/

https://covidtracking.com/data/long-term-care

https://www.cdc.gov/vaccines/acip/meetings/downloads/slides-2020-12/slides-12-19/05-COVID-CLARK.pdf

https://archive.vn/9LeEC

https://archive.vn/yfSvm

https://www.aappublications.org/news/2020/11/16/covid19children111620

https://archive.vn/qYYn4

https://sharylattkisson.com/2020/12/cdc-more-than-5000-covid-19-vaccine-recipients-have-reportedly-suffered-health-impact-event/

https://www.nature.com/articles/s41467-020-19802-w

https://www.washingtonexaminer.com/news/coronavirus-death-certificates-minnesota-inflated

Le patron a demandé du « dur et du véridique ». Il va être servi ! Mais n'oublie pas Princesse, nous sommes des journalistes d'investigation, on expose la vérité et on laisse le lecteur se faire une opinion.

Il est important de noter que plusieurs semaines peuvent être nécessaires pour que les enregistrements de décès soient soumis au Centre national des statistiques de la santé (NCHS), traités, codés et compilés. Par conséquent, les données ci-dessous peuvent être incomplètes et ne comprendront probablement pas tous les décès survenus au cours d'une période donnée, en particulier pour les plus récentes.

Le nombre de décès des semaines précédentes est continuellement révisé et peut augmenter ou diminuer au fur et à mesure des envois des certificats de décès par les États au NCHS.

Les décomptes de décès liés à la COVID-19 présentés ici peuvent différer des autres sources publiées, car les données sont actuellement décalées d'en moyenne 1 à 2 semaines.

CDC Centers for Disease Control and Prevention
CDC 24/7: Saving Lives. Protecting People™

National Center for Health Statistics

CDC > NCHS > COVID-19 Data from NCHS > COVID-19 Death Data and Resources

COVID-19 Data from NCHS

COVID-19 Death Data and Resources

Daily Updates of Totals by Week and State

Provisional Death Counts for Coronavirus Disease 2019 (COVID-19)

Table 1. Deaths involving coronavirus disease 2019 (COVID-19), pneumonia, and influenza reported to NCHS by time-period and jurisdiction of occurrence.

Data as of: 2/12/2021

State
United States

Week ending date in which the death occurred	All Deaths involving COVID-19 [1]	Deaths from All Causes	Percent of Expected Deaths [2]	Deaths involving Pneumonia [3]	Deaths involving COVID-19 and Pneumonia [3]	All Deaths involving Influenza [4]	Deaths involving Pneumonia, Influenza, or COVID-19 [5]
2/6/2021	5 311	25 373	43	3 729	2 773	5	6 270
1/30/2021	10 625	41 916	70	6 959	5 548	15	12 048
1/23/2021	14 598	51 657	85	9 342	7 567	19	16 384
1/16/2021	16 963	57 826	93	10 883	8 928	15	18 928
1/9/2021	19 788	66 335	108	12 732	10 318	21	22 211
1/2/2021	22 039	77 508	132	14 252	11 269	43	25 040

Comme tu peux le constater Princesse, les données présentées incluent les décomptes provisoires :

- ✓ De tous les décès impliquant toutes causes, plus la COVID19 ;
- ✓ Du pourcentage de décès attendus ;
- ✓ Des décès liés à la pneumonie ;
- ✓ Des décès mêlant la COVID-19 et la pneumonie ;
- ✓ De tous les décès liés à la grippe ;
- ✓ Et des décès liés à la pneumonie, la grippe ou la COVID-19 ;

Tu te souviens Princesse, que je t'ai parlé du « PIC » précédemment.

Et bien c'est arrivé après que le CDC ait confirmé que seulement 6% des certificats de décès liés à la COVID le mentionnaient comme seule cause, tandis que 94% impliquaient d'autres morbidités.

Par exemple, si quelqu'un était à l'hôpital en train de mourir d'une maladie cardiaque à l'étage où des tests COVID étaient effectués, il est noté sur son certificat de décès « Mort de la COVID ».

Un autre exemple est celui rapporté par une infirmière avec qui j'ai échangé récemment par mail. Sur quatre décès survenus dans son hôpital, deux patients étaient en soins palliatifs, le troisième est décédé d'un cancer de stade IV, et le quatrième est décédé d'une BPCO (Broncho-pneumopathie Chronique Obstructive) au stade terminal, mais tous les quatre ont été répertoriés comme ayant la COVID, de sorte que ces décès s'ajoutent aux décomptes communiqués au public.

SCANDALE !

Le plus incroyable est la subversion des données par la COVID Tracking Project, le CDC, Johns Hopkins, les médias d'information traditionnels et de nombreuses autres sources. C'est de la pure supercherie, sous couvert de « science ».

Il s'agit de l'en-tête de graphiques standards des mises à jour hebdomadaires des rapports du CDC par semaine et par État.

Ils refusent d'afficher une colonne uniquement pour les décès liés à la COVID. Pourquoi ?

Est-ce parce que le CDC déclare que seulement 6% de tous les certificats de décès impliquent la COVID comme seule cause de décès?

Si tel était le cas, cela réduirait le nombre de morts.

On peut considérer leurs « décès impliquant la COVID-19 et la pneumonie » et en déduire que 45,54% de tous les décès liés à la COVID incluaient une pneumonie, mais ils ont laissé ces deux maladies associées, sans les séparer.

Jurisdiction of Occurrence	All Deaths involving COVID-19 (U07.1)[1]	Deaths from All Causes	Percent of Expected Deaths[2]	Deaths involving Pneumonia, with or without COVID-19, excluding Influenza deaths (J12.0–J18.9)[3]	Deaths involving COVID-19 and Pneumonia, excluding Influenza (J12.0–J18.9 and U07.1)[3]	All Deaths involving Influenza, with or without COVID-19 or Pneumonia (J09–J11)[4]	Deaths involving Pneumonia, Influenza, or COVID-19 (U07.1 or J09–J18.9)[5]
United States[6]	**234,264**	2,533,214	113	237,436	106,686	6,813	370,798

Ils affichent même le nombre de 6 813 pour les décès dus à la grippe, mais disent « avec OU sans la COVID-19 ou Pneumonie » !

Soit dit en passant, ce nombre est « incroyablement » faible pour les décès dus à la grippe. Remarque Princesse, qu'ils ont fait de même pour la première colonne de pneumonie, en déclarant « avec OU sans la COVID-19 ».

Ils possèdent les chiffres précis, alors pourquoi ne laissent-ils pas le public les voir ?

Ils aiment se référer à cette supercherie « PIC », leur nouvelle méthode pour compter les décès suite à la COVID en les associant à la pneumonie et à la grippe.

C'est ainsi qu'ils justifient le confinement, les restrictions, l'obligation de porter un masque et mettent à genoux l'économie suite aux décès de la COVID, mais refusent obstinément de communiquer sur ces derniers. Il y a une grande différence entre mourir « avec la COVID » et mourir « de la COVID ».

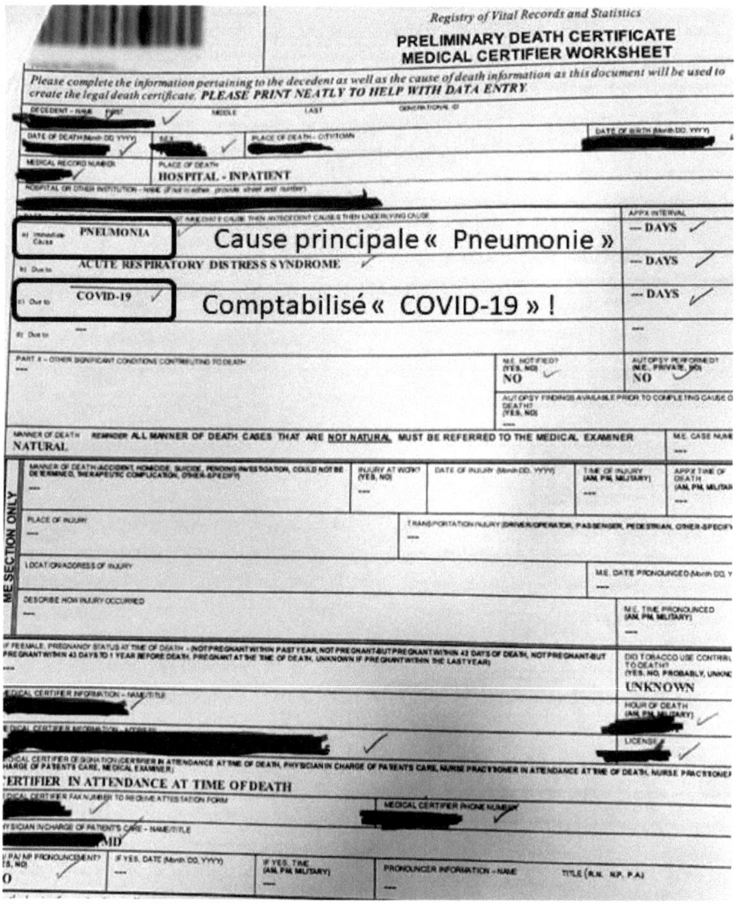
Registry of Vital Records and Statistics

PRELIMINARY DEATH CERTIFICATE
MEDICAL CERTIFIER WORKSHEET

*Please complete the information pertaining to the decedent as well as the cause of death information as this document will be used to create the legal death certificate. **PLEASE PRINT NEATLY TO HELP WITH DATA ENTRY***

DECEDENT - NAME FIRST MIDDLE LAST GENERATIONAL ID
[redacted]

DATE OF DEATH (Month DD, YYYY) [redacted] SEX [redacted] PLACE OF DEATH - CITY/TOWN [redacted] DATE OF BIRTH (Month DD, YYYY) [redacted]

MEDICAL RECORD NUMBER [redacted] PLACE OF DEATH HOSPITAL - INPATIENT

HOSPITAL OR OTHER INSTITUTION - NAME (if not in either, provide street and number)
[redacted]

		APPX INTERVAL
a) Immediate Cause	PNEUMONIA	— DAYS
b) Due to	ACUTE RESPIRATORY DISTRESS SYNDROME	— DAYS
c) Due to	COVID-19	— DAYS
d) Due to	—	—

Cause principale « Pneumonie »

Comptabilisé « COVID-19 » !

PART II - OTHER SIGNIFICANT CONDITIONS CONTRIBUTING TO DEATH —

M.E. NOTIFIED? (YES, NO) NO

AUTOPSY PERFORMED? (M.E., PRIVATE, NO) NO

AUTOPSY FINDINGS AVAILABLE PRIOR TO COMPLETING CAUSE OF DEATH? (YES, NO) —

MANNER OF DEATH NATURAL — REMINDER ALL MANNER OF DEATH CASES THAT ARE NOT NATURAL MUST BE REFERRED TO THE MEDICAL EXAMINER

M.E. CASE NUMBER —

ME SECTION ONLY

MANNER OF DEATH (ACCIDENT, HOMICIDE, SUICIDE, PENDING INVESTIGATION, COULD NOT BE DETERMINED, THERAPEUTIC COMPLICATION, OTHER-SPECIFY) —

INJURY AT WORK? (YES, NO) —

DATE OF INJURY (Month DD, YYYY)

TIME OF INJURY (AM, PM, MILITARY) —

APPX TIME OF DEATH (AM, PM, MILITARY) —

PLACE OF INJURY —

TRANSPORTATION INJURY (DRIVER/OPERATOR, PASSENGER, PEDESTRIAN, OTHER-SPECIFY) —

LOCATION/ADDRESS OF INJURY

M.E. DATE PRONOUNCED (Month DD, YYYY) —

DESCRIBE HOW INJURY OCCURRED —

M.E. TIME PRONOUNCED (AM, PM, MILITARY) —

IF FEMALE, PREGNANCY STATUS AT TIME OF DEATH - (NOT PREGNANT WITHIN PAST YEAR, NOT PREGNANT-BUT PREGNANT WITHIN 42 DAYS OF DEATH, NOT PREGNANT-BUT PREGNANT WITHIN 43 DAYS TO 1 YEAR BEFORE DEATH, PREGNANT AT THE TIME OF DEATH, UNKNOWN IF PREGNANT WITHIN THE LAST YEAR) —

DID TOBACCO USE CONTRIBUTE TO DEATH? (YES, NO, PROBABLY, UNKNOWN) UNKNOWN

MEDICAL CERTIFIER INFORMATION - NAME/TITLE [redacted]

HOUR OF DEATH (AM, PM, MILITARY) [redacted]

MEDICAL CERTIFIER INFORMATION - ADDRESS [redacted]

LICENSE [redacted]

MEDICAL CERTIFIER DESIGNATION (CERTIFIER IN ATTENDANCE AT TIME OF DEATH, PHYSICIAN IN CHARGE OF PATIENTS CARE, NURSE PRACTIONER IN ATTENDANCE AT TIME OF DEATH, NURSE PRACTIONER IN CHARGE OF PATIENTS CARE, MEDICAL EXAMINER)

CERTIFIER IN ATTENDANCE AT TIME OF DEATH

MEDICAL CERTIFIER FAX NUMBER TO RECEIVE ATTESTATION FORM [redacted]

MEDICAL CERTIFIER PHONE NUMBER [redacted]

PHYSICIAN IN CHARGE OF PATIENTS CARE - NAME/TITLE [redacted] MD

PA/NP PRONOUNCEMENT? (YES, NO) NO

IF YES, DATE (Month DD, YYYY) —

IF YES, TIME (AM, PM, MILITARY) —

PRONOUNCER INFORMATION - NAME —

TITLE (R.N., N.P., P.A.)

Observe ce certificat, Princesse. Il y est noté que la cause principale du décès est la pneumonie, mais il sera comptabilisé « décès avec la COVID » !

Pourquoi les médias traditionnels, les politiciens et les parties prenantes de l'industrie pharmaceutique font-ils toujours la une des journaux en affirmant, en décembre 2020, que le virus avait tué plus de 281 000 personnes, presque cinq fois le nombre d'Américains tués au Vietnam, alors qu'en fait, toutes les données indiquent que c'est totalement faux !

CORONAVIRUS

COVID Live Updates: U.S. surpasses 280,000 deaths, 10,000+ reported since Dec. 1

COVID-19 Live Updates, News and Information

By Eyewitness News

Monday, December 7, 2020

Tout comme le Docteur Birx l'a déclaré, toute personne dont le test est positif est taguée comme un décès COVID.

Qu'il s'agisse de blessures par balle, d'accidents de voiture, ou de phase terminale dans les centres de soins palliatifs et les maisons de retraite, les maladies cardiaques et tout le reste. Tout cela est référencé comme une mort de la COVID et diffusé en boucle au public pour provoquer la panique et justifier des mesures restrictives.

Même le CDC refuse de documenter correctement l'ensemble des décès.

Ils ont les certificats de décès pour les 94% restants et peuvent facilement les décomposer pour informer le public que le nombre de personnes qui seraient décédées de la COVID-19 est faible.

Pourquoi ne le font-ils pas ?

Big Pharma investit des millions de dollars dans la Fondation CDC. Leur liste de partenaires et de donateurs corporatifs est stupéfiante. Par exemple, la Fondation Bill & Melinda Gates leur a accordé plus de 150 millions de dollars de « subventions ». En octobre 2020, cette fondation a fait un don de 971 885 dollars « pour comprendre l'épidémiologie de la COVID-19 à Kibera, au Kenya ».

BILL & MELINDA GATES *foundation*

CDC Foundation

Date: October 2020
Purpose: to understand the epidemiology of COVID-19 in Kibera, Kenya
Amount: $971,885
Term: 11
Topic: Vaccine Development
Regions Served: GLOBAL|AFRICA
Program: Global Health
Grantee Location: Atlanta, Georgia
Grantee Website: http://www.cdcfoundation.org

Cela ressemble à la caisse noire de lutte contre le HIV / sida avec des dizaines d'ONG qui se transmettent des fonds.

SCANDALE !

Regardons quelques chiffres officiels.

En date du 9 décembre 2020, Johns Hopkins signalait 288 716 décès aux États-Unis dont quelques personnes testées positives COVID.

Il y a 2,1 millions de résidents dans les maisons de retraite et les résidences services aux États-Unis. Les maisons de soins infirmiers, les établissements de soins de longue durée, les centres de soins palliatifs, les structures de soins infirmiers qualifiés et les logements avec assistance sont comptabilisés par le CDC.

Le 5 décembre 2020, le CDC a stipulé que 7 748 personnes étaient mortes dans ces hospices. Ces décès testés positifs COVID ont été comptés comme décès COVID.

Pourquoi ?

https://www.cdc.gov/nchs/nvss/vsrr/covid_weekly/index.htm

Selon les données du CDC lui-même, 43% de tous les décès incluaient la grippe et la pneumonie.

https://archive.vn/lY7ac

Les chiffres du 9 décembre 2020 montrent que 79% de tous les décès liés à la COVID étaient des personnes âgées de 65 ans et plus, 31% étant âgées de 85 ans ou plus.

Selon le CDC, l'espérance de vie moyenne aux États-Unis en 2018 est de 78,7 ans.

Mortality in the United States, 2018	
Deaths	2,839,205
Death Rate	867.8 deaths per 100,000 population
Life Expectancy	78.7 years
Infant Mortality Rate	5.66 deaths per 1,000 live births

Une question pour toi Princesse ?

La COVID était-elle responsable de tous ces décès ?

Sur la base de leurs données actuelles, le CDC a montré que le taux de survie après avoir contracté le virus entre 50 et 69 ans est de 99,5% et que le taux de survie pour les 70 ans et plus est de 94,6%, ce qui est tout à fait remarquable, bien que les chiffres soient gonflés par d'autres causes de décès.

https://www.cdc.gov/coronavirus/2019-ncov/hcp/planning-scenarios.html#five-scenarios

Tous les résidents et le personnel des maisons de soins infirmiers doivent subir régulièrement des tests de dépistage de la COVID-19. Même s'ils ne font pas partie des 90 % asymptomatiques, ou des tests faux positifs, en cas de décès, ils seront documentés comme un décès COVID.

Il serait bon de se souvenir que 87 % à 97 % des résidents des foyers de soins ont besoin d'aide pour prendre un bain, s'habiller, utiliser les toilettes, marcher et se déplacer hors de leur lit, en raison de leurs nombreuses maladies chroniques. Plus de 47 % souffrent d'Alzheimer ou de démence.

L'asthme et la MPOC (Maladie Pulmonaire Obstructive Chronique) ont été regroupés, ce qui représentait 21,2% des résidents des maisons de soins infirmiers.

12,9 % souffraient d'insuffisance rénale terminale, qui ne représente qu'une partie des résidents atteints d'insuffisance rénale chronique.

Comparer les problèmes chroniques dans les maisons de retraite et les établissements de soins de longue durée à ceux répertoriés par le CDC, sous les « conditions contribuant aux décès liés à la maladie à coronavirus », révèle un schéma intéressant.

L'hypertension se situe entre 50,3 % et 88,9 % dans ce groupe.

Il se trouve que 20 % des disparitions liées à la COVID avaient également une hypertension !

Les maladies cardiaques sont la principale cause de décès aux États-Unis avec une moyenne de 655 000 Américains qui meurent chaque année, ce qui représente 1 décès sur 4.

Sur le graphique du CDC du 5 décembre 2020, le CDC montre les maladies qui englobent 5 maladies cardiaques, totalisant 137 838 décès documentés sous les décès liés à la COVID. Parmi ceux-ci, 51 619 sont survenus, ce qui sous-tend que plus de 64 % du nombre total de décès avait 85 ans et plus.

30,9 % - 47,8 % souffrent d'Alzheimer ou d'aliénation et le CDC révèle que 38 577 sont décédés avec ces comorbidités, sous l'appellation COVID. En 2018, 122 019 résidents de maisons de retraite et de soins de longue durée sont décédés des suites de la maladie d'Alzheimer ou de la démence.

12,9 % avaient une maladie rénale en phase terminale et le CDC indique que 23 202 sont décédés avec une insuffisance rénale en tant que comorbidité, sous COVID.

What Are The 4 Leading Causes Of Nursing Home Deaths?

February 6, 2020

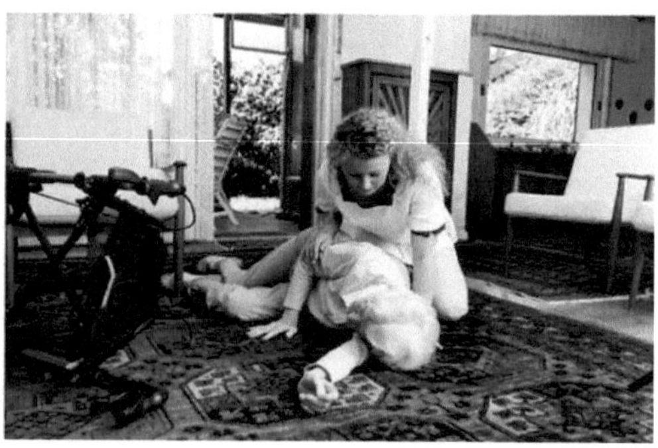

Les quatre principales causes de décès dans les établissements de soins infirmiers sont les chutes, la septicémie, les erreurs de prescription, les mauvais traitements et la négligence.

Selon le CDC, 1 à 3 millions d'infections graves surviennent dans ces établissements chaque année, causant jusqu'à 380 000 décès en raison de la septicémie seule. Sur le graphique CDC COVID, 23 830 personnes sont répertoriées comme souffrant de septicémie et 110 966 de pneumonie et de grippe, mais sont également marquées comme décès COVID parce qu'elles ont été testées positives avant ou après l'autopsie.

Les médias, les politiciens et les grandes parties prenantes du secteur pharmaceutique gonflent le nombre de faux décès.

Les médias d'information traditionnels comme CBS sont l'un des plus grands lanceurs d'alertes de propagande, faisant la une des journaux telle que « COVID a dépassé les maladies cardiaques en tant que principale cause de décès cette semaine. »

Le CDC est connu pour entraver la recherche, dissimuler et manipuler des données, laisser intentionnellement des dates off et changer régulièrement de nombres.

Il surévalue le nombre d'hospitalisation et induit les gens en erreur sur le fait que « les hôpitaux sont à pleine capacité » depuis longtemps. La saison grippale 2017-2018 a eu 810 000 personnes hospitalisées, mais il n'y a pas eu de confinement, d'obligation de porter un masque et personne n'en a entendu parler.

La gouverneure Kristi Noem a récemment rappelé les nouvelles de CBS à ce sujet en ce qui concerne le nombre d'hospitalisation dans le Dakota du Sud.

S'il y avait un tel égard envers les personnes âgées susceptibles de contracter la COVID-19, pourquoi le Gouverneur de New York Cuomo a-t-il envoyé plus de 6 300 patients COVID-19 dans des maisons de retraite ? Il ne peut y avoir que deux réponses à cette question. Soit il est un tueur en série, soit ce n'est pas aussi mortel qu'on le dit.

En résumé Princesse, ce qu'ils font subir à nos personnes âgées est criminel.

Les conditions chroniques potentiellement mortelles chez les pensionnaires des maisons de soins infirmiers et les établissements de soins de longue durée sont toutes documentées sur le tableau du CDC comme d'autres causes de décès. Tout comme la grippe ou la pneumonie peuvent aggraver les conditions, un coronavirus ordinaire le peut aussi, mais les chiffres ne justifient pas les confinements stricts responsables du sacrifice de leur vie par la dépression et la solitude, et cela vaut pour les enfants et ceux de tous âges.

L'épidémiologiste de Stanford, John Loannidis, a déclaré en mars 2020 que «même certains coronavirus dits légers ou de type rhume commun sont connus depuis des décennies [pour] avoir des taux de létalité allant jusqu'à 8 % lorsqu'ils infectent des personnes dans les maisons de retraite ».

Il y a 2,1 millions de résidents dans les foyers de soins. Sur la base des 104 000 décès actuels comptés comme des décès liés à la COVID, 4,95 % des décès seraient causés par un lien avec la COVID, ce qui est bien inférieur aux 8 % qu'un «coronavirus de type rhume commun ». Cela signifie que de nombreux décès résultent d'une autre cause que celle de la COVID.

Alors que malheureusement un grand nombre de décès survient dans les maisons de retraite et les établissements de soins de longue durée, pourquoi alors confiner des villes et des États entiers, plutôt que ce type d'établissements, et ainsi faire de la prévention ?

Dans le même temps, si on demandait leurs avis aux résidents des foyers de soins, la majorité dirait probablement qu'ils préfèrent prendre le risque de mourir de la COVID et passer du temps avec leur famille dans les derniers mois de leur vie plutôt que d'être enfermés.

La crise économique ainsi provoquée, associée à une augmentation du taux de suicide et de la dépression, a largement contribué à dépasser le nombre de décès liés à la COVID qui, selon eux, tueraient 1 à 2 millions d'Américains.

Au Canada, une femme âgée qui se sentait incapable d'endurer un autre confinement a demandé à être euthanasiée.

La grande majorité d'entre nous veut protéger ses parents et grands-parents.

Mais à quel prix ?

Les gouverneurs n'autorisent toujours pas les visites dans certains États, les funérailles sont limitées et les médias essaient de convaincre les actifs de différer leurs vacances ou de se retrouver face à face, en évitant de s'embrasser.

Trop c'est trop !

Il n'y a aucun doute, le remède est pire que le virus, et les manigances trompeuses doivent être dénoncées afin de mettre fin à cette tragédie mondiale.

Voilà princesse, mon début d'investigation sur la COVID-19.

Je poursuis.

J'aimerais que tu stoppes momentanément ton analyse sur le document déclassifié de la CIA que je t'ai envoyé, pour faire quelques recherches sur Bill Gates. Mon intuition me chuchote à l'oreille que tu devrais regarder du côté de la BIG PHARMA et des médias.

Que la Force soit avec toi.

8.

Malheureusement, dans le monde d'aujourd'hui, un menteur semble plus fiable qu'un honnête homme.

Cassie transmet un mail à Kevin.

Coucou Petit Jedi, j'avoue avoir eu beaucoup de mal à faire le tri, entre le vrai et le faux sur Bill Gates. Je me suis donc centrée sur les liens internet des dons effectués par sa fondation « Bill & Melinda Gates ».**https://sif.gatesfoundation.org/portfolio/?fwp_paged=3&fwp_per_page=20**

La fondation a refondu son site internet le 24 février 2021. Cela ne change rien.

Abbott Laboratories – corporate bonds $1.4M
AbbVie Inc – corporate bonds $1.7M
Eli Lilly & Co – corporate bonds $952K
Gilead Sciences – common stock $1.3M
Gilead Sciences – corporate bonds $3.3M
Johnson & Johnson – corporate bonds $1.5M
Novartis AG REG – common stock $6M
Merck & Co – common stock $2M
Merck & Co – corporate bonds $$183.8K
Pfizer – common stock $1.7M
Takeda Pharmaceutical – common stock $2.7M
Teva Pharmaceuticals NE – corporate bonds $1.1M
Teva Pharmaceuticals FIN BV – corporate bonds $819K

Simples coïncidences ou non, en 2002, alors que GLOBAL FUND tout juste créé par Bill Gates, et que sa Fondation et GAVI (l'Alliance Globale pour les Vaccins et l'Immunisation) sont en place, il a investi 205 millions de dollars dans neuf grandes sociétés pharmaceutiques: 76,9 millions de dollars dans des actions Merck, 37,3 millions de dollars dans Pfizer, 29,7 millions de dollars dans Johnson & Johnson.

Bill Gates a également fait d'énormes investissements dans la BIG PHARMA, comme tu peux en juger.

GlaxoSmithKline – HIV – $17M grant from 2011, final payment paid in full in 2018
GlaxoSmithKline – enteric and diarrheal diseases – $5M grant with none expended yet
GlaxoSmithKline – enteric and diarrheal diseases – $15M in grants with $1.9M expended
GlaxoSmithKline – discovery & translational sciences – $5.5M in grants with $3.3M expended
GlaxoSmithKline – research & learning opportunities – $14M grant with $6M expended
GlaxoSmithKline – Malaria – $1.8M in grants with $393K expended
GlaxoSmithKline – Tuberculosis – $1.8M grant with $387K expended
Merck KGA – neglected tropical diseases $275K not yet expended
Novartis Institutes for Biomedical Research – enteric & diarrheal disease – $1.5M not yet expended
Novartis Institutes for Biomedical Research – discovery & translational sciences – $8.6M in grants with $1.3M expended
Pfizer – pneumonia, research & learning opportunities – $18.1M in grants with $2.3M expended
Takeda Pharmaceutical – polio $40.5M grant with $26.7M expended
Teva Pharmaceutical – development of solutions to improve global health; family planning $14M in grants with $10M expended

Tu noteras les 18,1 millions de dollars de dons, auxquels il faut ajouter 2,3 millions, dans l'entreprise Pfizer. Et ce n'est qu'une petite partie des investissements « stratégiques » de la fondation Bill & Melinda Gates. Si tu veux le détail, visite le site noté ci-dessus.

Malgré la déclaration sincère de la Fondation Gates de rechercher des « opportunités mutuellement avantageuses » avec les fabricants de vaccins, il est rare de trouver dans les médias grand public des reportages sur les conflits d'intérêts de la fondation.

Cela peut être dû au fait que la fondation finance un certain nombre de grands médias, comme la *BBC, NPR, NBC, Al Jazeera, ProPublica, National Journal, The Guardian, The New York Times, Univision, Medium Magazine, Financial Times, The Atlantic, The Texas Tribune, Gannett, Washington Monthly, Le Monde, Center for Investigative Reporting, Pulitzer Center, National Press Foundation, International Center for Journalists,* et un certain nombre d'autres groupes.

La fondation finance également une armée de vérificateurs indépendants, dont le Poynter Institute and Gannett. Ces derniers utilisent leurs plateformes de vérification des faits pour faire taire les critiques et dénoncer les prétendues théories du complot et désinformations.

L'un de ses opposants parmi les plus virulents est Robert Francis Kennedy Jr, politicien américain et avocat spécialisé dans les questions d'environnement.

Ce fils de Robert F. Kennedy et neveu de l'ancien président John F. Kennedy, révèle dans plusieurs vidéos, comment Bill Gates utilise des millions de dollars de dons, pour acheter la presse et ses journalistes afin de poursuivre ses propres objectifs, en contournant les besoins de la population.

Pourquoi fait-il tout ça, Petit Jedi ?

Il faut remonter le temps pour comprendre l'engagement de Bill Gates dans l'humanitaire et pour quoi les gens se méfient de lui au sujet des vaccins. En 1998, il a été condamné dans un procès retentissant pour abus de position dominante. Il avait imposé « Windows » et « Internet explorer » à tous les fabricants d'ordinateurs du monde avec des méthodes de voyou pour éliminer tous ses adversaires. C'est ainsi qu'il est devenu à 45 ans l'homme le plus riche du monde. Peu de temps après cette condamnation, il a commencé sa deuxième vie, de mécène et de philanthrope dont la fortune ne cesse de croître.

9.

Un menteur doit avoir une bonne mémoire.

Kevin est impressionné par le dossier d'investigation sur Bill Gates qu'il vient de recevoir de Cassie.

«

Waouh ! Bravo Princesse.

Alors comme ça, Bill Gates a fait un max de dons aux principaux médias. Pourquoi ? Ce sera aux lecteurs de répondre.

Alors comme ça, Bill Gates a investi dans tous les organismes qui proposent à ce jour, un vaccin contre la COVID-19 ! Pourquoi ?

Alors comme ça, Bill Gates a réuni en secret, les principaux milliardaires américains, le 5 mai 2009, à Manhattan au domicile de Sir Paul Nurse, biochimiste, prix Nobel britannique et président de l'université privée Rockefeller, pour examiner comment leur richesse pourrait être utilisée pour ralentir la croissance de la population mondiale et accélérer les améliorations en matière de santé et d'éducation ! Pourquoi ?

Encore une fois, congratulations Princesse.

Tu peux reprendre ton travail sur le document de la CIA

Un peu d'histoire Princesse, la PCR, pour Réaction en Chaîne par Polymérase (en anglais Polymerase Chain Reaction) a été inventée par le biochimiste américain Kary Mullis en 1984, récompensé par le prix Nobel en 1993. Cette réaction en chaîne permet d'identifier des acides nucléiques (ADN et ARN), en les rendant visibles et analysables après plusieurs étapes.

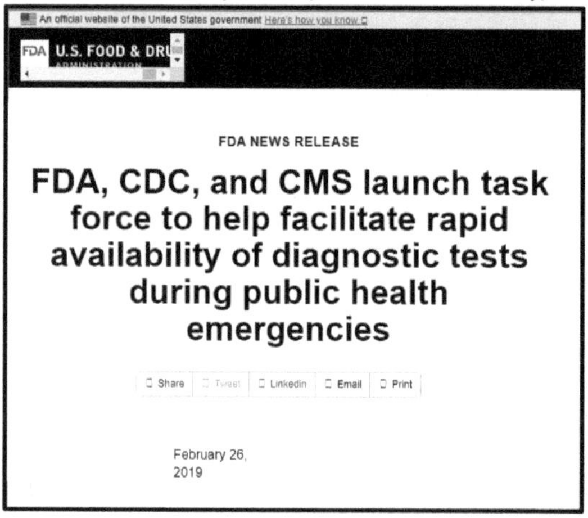

Est-ce une pure coïncidence si en février 2019, la FDA (Food and Drug Administration - administration américaine des denrées alimentaires et des médicaments), les CDC (les Centres pour le contrôle et la prévention des maladies) et la CMS (Agence fédérale du département américain de la Santé et des Services sociaux) ont créé un groupe de travail pour faciliter la disponibilité rapide des tests de diagnostic pour les urgences de santé publique, 10 mois avant que la COVID ne frappe les États ?

Jamais auparavant un groupe de travail comme celui-ci n'avait été formé pour accélérer le développement et la distribution des tests.

Tout se passait comme si un nouveau virus arriverait bientôt…

En avril 2020, le secrétaire d'État Mike Pompeo a déclaré que le CCP (China Communist Party) « a censuré ceux qui essayaient d'avertir le monde. Le CCP n'a toujours pas partagé l'échantillon du virus avec le monde extérieur, ce qui rend impossible le suivi de l'évolution de la maladie ».

En mai 2020, c'est Pompeo en personne qui déclare, « la Chine n'a toujours pas fourni à ce jour d'échantillons du virus ».

abcNEWS | CORONAVIRUS GOVERNMENT RESPONSE

Pompeo changes tune on Chinese lab's role in virus outbreak, as intel officials cast doubt

After telling ABC News there was "enormous evidence," he now says maybe not.

By **Conor Finnegan** and **Josh Margolin**
May 7, 2020, 9:48 PM • 11 min read

En juillet, Pompeo a déclaré : « Ils ont détruit des échantillons, ils ont arrêté des journalistes et des médecins qui étaient prêts à en parler ».

Personne n'a jamais effectué d'isolement du SRAS-CoV-2. Il n'y a donc aucune preuve que ce prétendu virus ait jamais été purifié et isolé, dans plusieurs pays.

Ce virus existe-t-il, telle est la question que se posent de plus en plus de médecins.

Le meilleur est à venir, Princesse.

La journaliste d'investigation Celia Farber a interviewé le biochimiste Kary Mullis, inventeur de la PCR qui a déclaré « qu'il ne devrait pas être utilisé pour le diagnostic médical ».

Ce conseil formulé par le Nobel créateur de la PCR soi-même, et l'absence d'échantillons de virus SARS-COv2 transmis par la Chine, n'empêcha nullement Corman et Drosten, de publier, avec d'autres scientifiques la méthodologie de test COVID-19.

Mais alors pourquoi Princesse ?

Business is Business !

Eurosurveillance

Europe's journal on infectious disease epidemiology, prevention and control since 1996

Publisher: European Centre for Disease Prevention and Control (ECDC), Stockholm, Sweden

Euro Surveill. 2020 Jan 23; 25(3): 2000045. PMCID: PMC6988269

doi: 10.2807/1560-7917.ES.2020.25.3.2000045 PMID: 31992387

Detection of 2019 novel coronavirus (2019-nCoV) by real-time RT-PCR

Victor M Corman, Olfert Landt,[2] Marco Kaiser,[2] Richard Molenkamp,[3] Adam Meijer,[4] Daniel KW Chu,[5] Tobias Bleicker,[1] Sebastian Brünink,[1] Julia Schneider,[1] Marie Luisa Schmidt,[1] Daphne GJC Mulders,[3] Bart L Haagmans,[3] Bas van der Veer,[4] Sharon van den Brink,[4] Lisa Wijsman,[4] Gabriel Goderski,[4] Jean-Louis Romette,[6] Joanna Ellis,[7] Maria Zambon,[7] Malik Peiris,[5] Herman Goossens,[8] Chantal Reusken,[4] Marion PG Koopmans,[3] and Christian Drosten[1]

▸ Author information ▸ Article notes ▸ Copyright and License information Disclaimer

Quatre phases composent la méthodologie de test PCR / COVID-19

La première est le prélèvement de cellules naso-pharyngées, ou salivaires.

La deuxième est l'extraction de tous les ARN cellulaires.

La troisième consiste à copier spécifiquement des séquences d'ARN viral (s'il est présent) par une réaction enzymatique dite transcription inverse.

Et la quatrième représente l'amplification, à travers plusieurs cycles, par une autre réaction enzymatique (la polymérisation en chaîne) destinée à créer des millions de copies de ces fragments viraux, jusqu'à les rendre détectables.

Ce test PCR est utilisé dans le monde entier pour identifier les positifs / négatifs à la COVID 19 !

Oui, mais voilà trop de cycles génèrent des faux positifs !

Or, le nombre de positifs est utilisé comme donnée d'entrée à la stratégie anti-COVID.

On marche sur la tête Princesse !

Le 30 octobre 2020 lors d'une interview, le docteur Anthony Fauci, directeur de l'Institut national américain des allergies et maladies infectieuses a expliqué qu'au-delà de 35 cycles d'amplification, tous les tests PCR sont des faux positifs, liés à des débris viraux, non cultivables en laboratoire et non contagieux.

Pour le siège des *Centers for Disease Control and Prevention*, à Atlanta, il est rarissime de détecter un virus vivant au-delà de 33 cycles.

Aux États-Unis, pourtant, la routine pousse souvent au-delà de 40 cycles, et c'est la même chose en France !

Le 27 novembre 2020, de nombreux scientifiques ont appelé au retrait du protocole original utilisé dans les tests PCR/COVID-19.

En effet, l'examen externe par des pairs du test PCR pour détecter le SRAS-CoV-2, alias la COVID-19 révéla 10 failles scientifiques majeures au niveau moléculaire et méthodologique, et pourtant les décisions gouvernementales sont prises, en toute connaissance de cause !

External peer review of the RTPCR test to detect SARS-CoV-2 reveals 10 major scientific flaws at the molecular and methodological level: consequences for false positive results.

Pieter Borger[1], Bobby Rajesh Malhotra[2] , Michael Yeadon[3] , Clare Craig[4], Kevin McKernan[5] , Klaus Steger[6] , Paul McSheehy[7] , Lidiya Angelova[8], Fabio Franchi[9], Thomas Binder[10], Henrik Ullrich[11] , Makoto Ohashi[12], Stefano Scoglio[13], Marjolein Doesburg-van Kleffens[14], Dorothea Gilbert[15], Rainer Klement[16], Ruth Schruefer[17], Berber W. Pieksma[18], Jan Bonte[19], Bruno H. Dalle Carbonare[20], Kevin P. Corbett[21], Ulrike Kämmerer[22]

Le Docteur Mike Yeadon, ancien vice-directeur scientifique de Pfizer pendant 16 ans, affirme que la moitié des tests de la COVID sont des faux positifs, voire « presque tous » !

Dans une interview réalisée par Skype, j'ai demandé au Docteur Yeadon « S'il pensait que nous fondons notre politique gouvernementale, notre politique économique, notre politique des libertés civiles, sur ce qui pourrait bien être, des données complètement fausses sur ce coronavirus ? ». Sa réponse fut un simple « oui » !

Le Docteur Yeadon fait également valoir que le seuil d'immunité collective est sans doute beaucoup plus bas qu'on ne le pensait auparavant, et qu'il a peut-être déjà été atteint dans de nombreux pays. Plus important encore, le Docteur Yeadon a déclaré que compte tenu de la « forme » de tous les indicateurs importants d'une pandémie mondiale, tels que le nombre d'hospitalisations, l'utilisation des soins intensifs et les décès, « la pandémie est fondamentalement terminée ».

À propos du test PCR, le Dr Yeadon et deux de ses collègues n'hésitent pas à écrire dans un article que « plus de la moitié des positifs sont probablement faux, potentiellement tous ». Les auteurs expliquent que le test PCR mesure « simplement la présence de séquences d'ARN partielles présentes dans le virus intact », pourrait être un morceau de virus mort qui ne peut pas rendre le sujet malade, qui ne peut pas être transmis, et ne peut donc pas être contaminant.

« ... un vrai positif n'indique pas nécessairement la présence d'un virus viable. Dans des études limitées à ce jour, de nombreux chercheurs ont montré que certains sujets restent positifs à la PCR longtemps après que la capacité de culture du virus à partir d'écouvillons ait disparu. Nous appelons cela un « positif froid » (pour le distinguer d'un « positif chaud », quelqu'un en fait infecté par un virus intact).

Le point clé des « positifs froids » est qu'ils ne sont pas malades, pas symptomatiques, ne le deviendront pas et, de plus, sont incapables d'infecter les autres ».

En août, le gouvernement suédois a découvert 3700 faux positifs à la COVID à partir de kits de test fabriqués par BGI Genomics en Chine. Les kits ont été approuvés en mars par la FDA pour une utilisation aux États-Unis.

À Boston, un laboratoire a suspendu ses tests de coronavirus après la découverte de 400 faux positifs.

Une analyse des tests basés sur la PCR sur le site Web médical medrxiv.org indique : « Les données sur les tests basés sur la PCR pour des virus similaires montrent qu'ils produisent suffisamment de faux positifs pour rendre les résultats positifs très peu fiables dans un large éventail de scénarios réels ».

Le professeur Carl Heneghan de l'Université d'Oxford, directeur du « Center for Evidence-Based Medicine », écrit dans un article publié en juillet 2020 « Combien de diagnostics COVID sont de faux positifs ? ».

L'incident le plus connu du manque de fiabilité des tests PCR a été lorsque le président de la Tanzanie a révélé au monde qu'il avait secrètement envoyé des échantillons d'une chèvre, d'un mouton et d'un fruit de papaye à un laboratoire de test COVID.

Ils sont tous revenus positifs pour la COVID !

REUTERS World Business Markets Breakingviews

HEALTHCARE & PHARMA MAY 3, 2020 / 3:47 PM / UPDATED 10 MONTHS AGO

President queries Tanzania coronavirus kits after goat test

By Reuters Staff

DAR ES SALAAM (Reuters) - Coronavirus test kits used in Tanzania were dismissed as faulty by President John Magufuli on Sunday, because he said they had returned positive results on samples taken from a goat and a pawpaw.

Pour Kevin, il est difficile d'imaginer qu'un seul test puisse changer le monde de manière aussi radicale, surtout lorsque celui-ci est criblé de défauts.

Et c'est uniquement le nombre indiqué par ce test qui détermine si la pandémie progresse ou non, et par conséquent s'il faut confiner ou pas.

C'est le pouls de notre société !

Confiner des personnes, fermer des restaurants et des bars, des salles de cinéma, de sports, de spectacles, et autres restrictions, qui ne devraient pas l'être est tout simplement criminel, Princesse.

Mais des « sauveurs » à l'ego surdimensionné arriveront en criant haut et fort. « Ralliez-vous à mon panache blanc, vous le trouverez au chemin de la victoire et de l'honneur ». Grâce à moi, vous allez survivre, élisez-moi, élisez-moi !

10.

Bataille de mensonges pour un vaccin.

Coucou Princesse, tu connais la devise du Big-Boss « Lorsque les cyberjournalistes d'investigation du Washington Daily Times se grattent la tête, préparez-vous à une calvitie totale en vous arrachant les cheveux. » Et bien là, même une greffe de cheveux ne prendra pas après la lecture de mon papier.

Le 19 septembre 2019, le président Trump a signé un décret pour « moderniser et améliorer les vaccins antigrippaux ».

Ce décret fut considéré par certains, et ils furent nombreux, comme la preuve concrète que Trump « nettoyait » l'industrie des vaccins.

Par souci de clarification, Trump a toujours déclaré qu'il n'était pas anti-vaccin, mais que trop de vaccins étaient injectés chez les bébés et les jeunes enfants et qu'ils devraient être mieux contrôlés. Il a également exprimé son questionnement sur la relation de cause à effet qui pourrait exister entre autisme et vaccin.

Les principaux points à retenir de ce décret sont d'améliorer la vitesse et l'efficacité de la production, d'accroître leur impact et de créer un groupe de travail pour identifier les priorités politiques et suivre les progrès.

Le 10 février 2020, l'USAID (Agence des États-Unis pour le développement international) s'est engagé à fournir 1,16 milliard de dollars au titre des exercices 2020-2023, qui s'ajoute aux 290 millions de dollars déjà inscrits dans le budget 2021, à la société GAVI.

Pour cette dernière, il s'agit en fait de vacciner 300 millions d'enfants supplémentaires d'ici 2025 et de renforcer le soutien d'autres gouvernements à faire un don à GAVI. Ces engagements financiers ne concernent pas la COVID-19.

Princesse, Bill Gates a créé GAVI en 1999 / 2000, et la Fondation Bill & Melinda Gates en est le « partenaire essentiel » en matière de façonnage du marché des vaccins.

Entre 2001 et 2019, l'USAID a accordé plus de 2 milliards de dollars à GAVI.

Le 28 février 2020, Bill Gates a déclaré que le coronavirus était une pandémie.

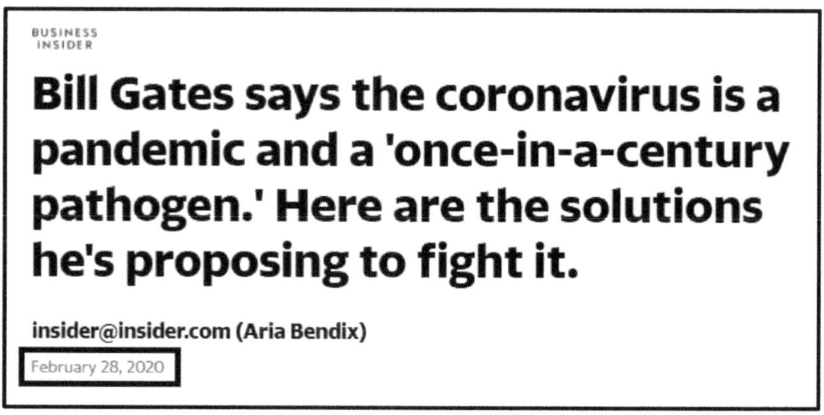
BUSINESS INSIDER

Bill Gates says the coronavirus is a pandemic and a 'once-in-a-century pathogen.' Here are the solutions he's proposing to fight it.

insider@insider.com (Aria Bendix)

February 28, 2020

Le 11 mars 2020, Tedros Adhanom Ghebreyesus, directeur général de l'OMS a fait savoir lors du point presse sur la COVID-19, qu'il s'agissait d'une pandémie.

L'OMS qualifie désormais l'épidémie de Covid-19 de «pandémie»: les nouvelles du 11 mars

Une quatrième personne est décédée du Covid-19 en Suisse. Les autorités fédérales et cantonales annoncent de nouvelles mesures pour ralentir la progression de l'épidémie, désormais considérée comme une pandémie par l'OMS. Retrouvez notre suivi

Désolé Tedros, ton ami Bill Gates l'a déjà annoncé 15 jours avant!

Comment est-ce possible ?

je te le demande Princesse.

Simple, juste une histoire de gros sous.

Bill Gates n'est pas seulement le deuxième plus grand bailleur de fonds de l'OMS à hauteur de 3,5 milliards de dollars, il finance également six autres factions de l'ONU et, ensemble, ils contrôlent les politiques et les acteurs de la santé.

L'ancien chef du programme de lutte contre le paludisme de l'OMS, le Docteur Artara Kochi, l'a mieux dit en 2008 quand il s'est inquiété du fait que la Fondation Gates mine la créativité scientifique qui « pourrait avoir des conséquences implicitement dangereuses sur le processus d'élaboration des politiques en matière de santé mondiale. Il a poursuivi en déclarant : « Gates a créé un cartel, les responsables de la recherche étant si étroitement liés que chacun a un intérêt direct à protéger le travail des autres. Le résultat est que l'obtention d'un examen indépendant des preuves scientifiques (...) devient de plus en plus difficile. »

Le 13 mars 2020, le président Trump a déclaré l'urgence nationale et le même jour, Bill Gates a annoncé qu'il démissionnait du conseil d'administration de Microsoft.

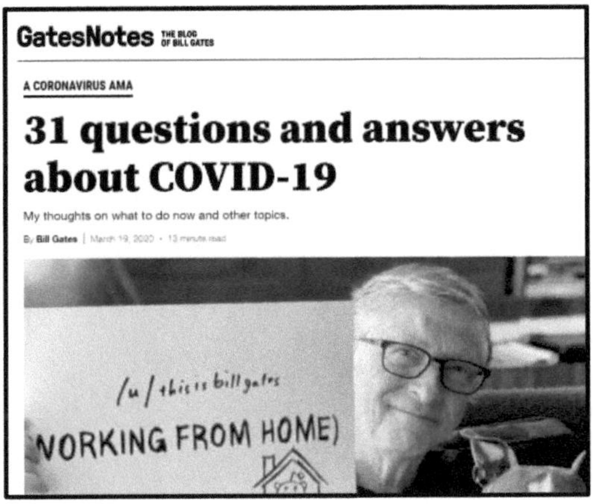
GatesNotes THE BLOG OF BILL GATES

A CORONAVIRUS AMA

31 questions and answers about COVID-19

My thoughts on what to do now and other topics.

Le 19 mars 2020, Bill Gates a publié « 31 questions et réponses sur la COVID-19 » sur son blog Gates Notes. Il a déclaré : « À terme, nous aurons des certificats numériques pour montrer qui s'est rétabli ou qui a été testé récemment et quand nous aurons un vaccin, qui s'est fait vacciner ».

Ne pas oublier Princesse, que Microsoft, a déposé le 20 juin 2019, le brevet d'un « système de crypto monnaie, utilisant les d'activités corporelles ».

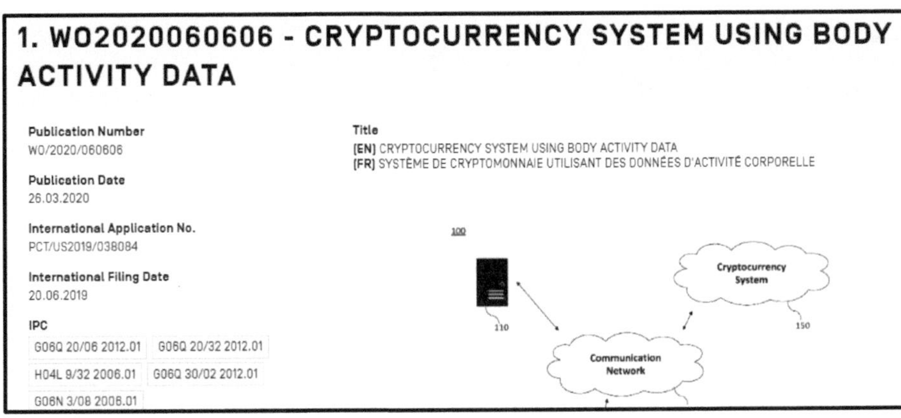
1. WO2020060606 - CRYPTOCURRENCY SYSTEM USING BODY ACTIVITY DATA

Publication Number
WO/2020/060606

Publication Date
26.03.2020

International Application No.
PCT/US2019/038084

International Filing Date
20.06.2019

IPC
G06Q 20/06 2012.01 | G06Q 20/32 2012.01 | H04L 9/32 2006.01 | G06Q 30/02 2012.01 | G06N 3/08 2006.01

Title
[EN] CRYPTOCURRENCY SYSTEM USING BODY ACTIVITY DATA
[FR] SYSTÈME DE CRYPTOMONNAIE UTILISANT DES DONNÉES D'ACTIVITÉ CORPORELLE

Le 21 mars 2020, le président Trump a commencé à faire pression pour l'usage de l'hydroxychloroquine. Il convient de noter que le 30 mai 2018, la « loi sur le droit d'essayer » a été promulguée, ce qui permet aux patients ayant reçu un diagnostic de maladies potentiellement mortelles, et ne pouvant pas participer à des tests cliniques, d'accéder à certains traitements non approuvés.

Trois jours plus tard, le 24 mars 2020, GAVI de Bill Gates a publié un communiqué de presse indiquant qu'ils souhaitaient utiliser des mécanismes de financement international pour la vaccination afin que le monde entier puisse financer le déploiement rapide d'éventuels vaccins COVID-19.

L'IFFIm (International Finance Facility for Immunisation) fondée en 2006 a pour mission de lever des fonds pour GAVI, en émettant des obligations sur les marchés des capitaux. La fondation de Bill Gates est partie prenante dans l'IFFIm.

Le 30 mars 2020, la FDA (La Food and Drug Administration - l'administration américaine des denrées alimentaires et des médicaments) a autorisé l'utilisation d'urgence des produits à base d'hydroxychloroquine et de chloroquine chez les patients COVID-19 qui avaient été hospitalisés sans pouvoir bénéficier d'un essai clinique.

Le même jour, la Fondation Bill & Melinda Gates, Mastercard et le Wellcome Trust, ont créé le groupe « COVID-19 Therapeutics Accelerator », en leur apportant une participation de 20 millions de dollars pour réaliser des essais cliniques de thérapie via l'Université de Washington, l'Institut d'immunologie La Jolla et l'Université d'Oxford.

Le 3 avril 2020, Bill Gates a annoncé le financement de nouvelles usines pour 7 vaccins potentiels contre le COVD-19 afin qu'ils soient prêts à lancer des milliards de vaccins dans le monde, après approbation.

Le 4 avril 2020, Le Docteur Fauci a averti qu'il n'y avait toujours aucune preuve de l'efficacité d'un médicament antipaludique dans la lutte contre les coronavirus, et que des études devaient encore être effectuées.

Le 14 avril 2020, le président Trump a notifié lors de la conférence de presse que le gouvernement enquêtait sur le rôle de l'Organisation Mondiale de la Santé, responsable selon lui, de la mauvaise gestion du coronavirus, et qu'il avait gelé la participation financière des États-Unis pour une durée de 60 jours…

Ce même jour une publication de Harvard tombe à point nommé, affirmant que ce virus continuera de revenir, d'où la nécessité de traitements et de vaccins.

Je vois ta question arriver, Princesse :

Et Bill Gates dans tout ça ?

Au fil des ans, Bill Gates a financé Harvard pour plus de 65 millions de dollars pour mener des recherches, grâce auxquelles lui et la communauté médicale utilisent ces documents pour mener à bien leurs programmes et justifier les moyens de financement gouvernemental.

Cette étude particulière a été financée par le NIAID (National Institute of Allergy and Infectious Diseases, ou Institut national des allergies et des maladies infectieuses), qui est dirigé par le Docteur Anthony Fauci, le Morris-Singer Fund du Harvard T.H. Chan School of Public Health que Bill Gates finance.

Le NIAID est l'un des 27 instituts et centres qui composent les National Institutes of Health, une agence du ministère américain de la Santé et des Services sociaux

Les National Institutes of Health (NIH, qu'on peut traduire par Instituts américains de la santé) sont des institutions gouvernementales des États-Unis qui se consacrent à la recherche médicale et biomédicale.

Ils dépendent du Département de la Santé et des Services sociaux des États-Unis.

Bill Gates a financé pour plus de 475 millions de dollars la *Foundation for NIH, la Doris Duke Charitable Foundation*, qui a nommé le Docteur Anthony Fauci comme vice-président du conseil d'administration.

Est-il possible que cette « étude » de Harvard soit biaisée de quelque manière que ce soit ?

Le jour suivant, le 15 avril 2020, Bill Gates a profité de Twitter pour proclamer à quel point il était « dangereux » d'arrêter le financement de l'OMS.

Le lendemain, le 16 avril 2020, après que Donald Trump ait interrompu le financement de l'OMS, Bill Gates a fait un don à l'OMS de 150 millions de dollars supplémentaires.

Tu commences à comprendre, Princesse, la guerre que se sont livrés le Président Donald Trump et Bill Gates, sachant que des élections approchaient...

Le 17 avril 2020, le NIH (Instituts américains de la santé) a annoncé un partenariat public-privé avec le Bureau de la santé et des services sociaux, les CDC, la FDA, l'Agence européenne des médicaments, 16 sociétés pharmaceutiques et biotechnologiques et la Fondation des instituts nationaux de la santé (FNIH), pour développer une stratégie internationale pour la recherche sur la COVID-19.

Ce partenariat, appelé ACTIV a pour objectif d'accélérer les interventions thérapeutiques et les vaccins contre la COVID-19. Il est coordonné par la FNIH, à laquelle Bill Gates a fait un don de plus de 475 millions de dollars.

Le 18 avril 2020, une autre conférence de presse incroyablement déterminante a eu lieu.

En plus de l'OMS, le président Trump a attiré l'attention sur deux bras majeurs du gouvernement, l'un étant le PEPFAR et l'autre le NIH.

Le PEPFAR (President's Emergency Plan for AIDS Relief), Princesse, correspond au plan d'urgence du Président pour la lutte contre le SIDA. Le budget alloué à ce plan représente plus de 90 milliards de dollars des contribuables américains depuis son lancement en 2003, dont 18 milliards vont directement au Fonds mondial de Bill Gates. PEPFAR a été créé sous George W. Bush avec l'aide du Docteur Fauci et de nombreuses autres personnalités.

Ah ce cher docteur Fauci, toujours au bon endroit Princesse !

Le 20 avril 2020, le docteur Fauci, Bill Gates, l'OMS, un certain nombre de célébrités et de politiciens ont clamé partout qu'il était impossible que l'hydroxychloroquine puisse soigner la COVID-19, alors que les médecins affirmaient le contraire.

Le business pour un vaccin est un Monopoly de mille milliards de dollars pour des gens qui ne reculeront devant rien pour choisir les solutions les plus coûteuses.

Rien de tout cela n'empêcha l'administration Trump d'aller de l'avant, et le 20 avril 2020, le *Department Of Justice* (DOJ) a autorisé les sociétés pharmaceutiques américaines à distribuer de l'hydroxychloroquine.

NEWS

DOJ Clears U.S. Drug Companies to Distribute Hydroxychloroquine to Coronavirus Patients

BY **BENJAMIN FEARNOW** ON 4/20/20 AT 1:14 PM EDT

Cette initiative aussi ambitieuse qu'audacieuse permettait de déplacer le stock de 29 millions de comprimés dans une chaîne d'approvisionnement, tout en supprimant les obstacles antitrust.

De plus, une étude sur l'hydroxychloroquine sur des vétérans hospitalisés pour la COVID-19 a été publiée, envoyant une onde de rage sur les médias sociaux.

Bill Gates, a immédiatement tweeté que nous ne disposons pas encore des outils dont nous avons besoin pour stopper le nouveau coronavirus et rouvrir l'économie en toute sécurité.

Mais ils sont à l'horizon, avec un lien vers son dernier article de blog, et une image valant mille mots indiquant « Pandémie 1 », message subliminal indiquant qu'il s'agissait de la première de nombreuses pandémies à venir.

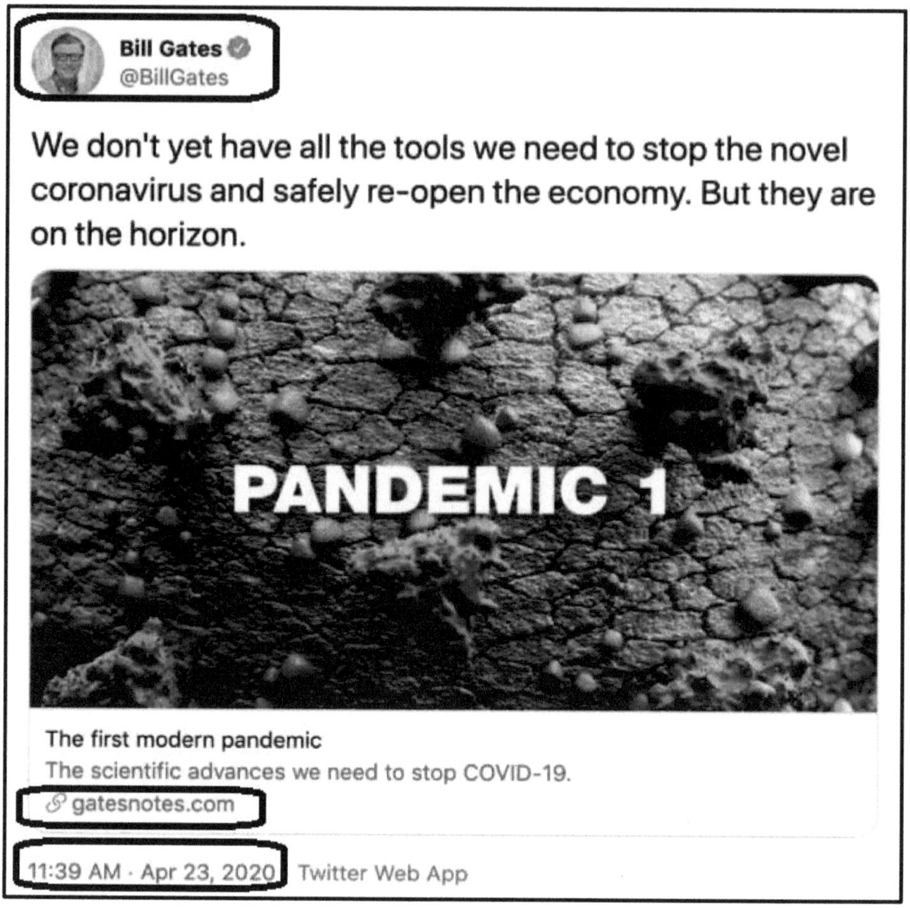

Et les vaccins dans tout ça Princesse ?

Et bien c'est parti pour tous les laboratoires où Bill Gates a investi massivement, à savoir : Moderna, Oxford, Pfizer, Pasteur, Johnson & Johnson, Novartis, GlaxoSmithKline, BioNTech, Sinopharm le groupe pharmaceutique chinois fondé en 2013 dans lequel Bill Gates a investi en janvier 2020, sans oublier les sociétés satellites, telles que GAVI, L'IFFIm, CEPI, ACTIV, GLOBAL FUND, etc.

En 2000, Bill Gates, Melinda Gates, Kofi Annan, Amir Attaran, Jeffrey Sachs créent GLOBAL FUND situé à Genève, en Suisse, dans le même bâtiment que GAVI et non loin des bureaux des Nations Unies, de l'OMS, de l'UNICEF, facilitant ainsi les échanges.

GAVI est en fait, une branche de GLOBAL FUND, travaillant avec 60% des pays pour aider financièrement la distribution des vaccins. Puisque GLOBAL FUND est situé à Genève, il n'est donc pas soumis à la fiscalité, la juridiction ou la loi des États-Unis, en dépit du fait que le gouvernement américain ait contribué à coup de milliards à son financement, et continue à le faire. GLOBAL FUND est une industrie de 25 milliards de dollars par an ayant généré plus de 45 milliards de dollars, dont 95% proviennent de l'argent des contribuables grâce aux investissements publics de plusieurs pays, les États-Unis étant le plus gros contributeur à hauteur de 18 milliards de dollars jusqu'à présent.

Biomedical Advanced Research and Development Authority (BARDA) a investi 483 millions de dollars dans Moderna quelques mois seulement après que le CEPI ait sponsorisé Moderna pour fabriquer un vaccin contre la COVID-19.

Moderna a été l'un des premiers à lancer sa recherche sur les vaccins en janvier.

Note bien le nom de Moderna, Princesse.

La CEPI (CEPI = Coalition for Epidemic Preparedness Innovations - Coalition pour les innovations en matière de préparation aux épidémies) a été officiellement créée à l'occasion du forum économique mondial de Davos en 2017.

La CEPI a été dotée d'un fonds de 460 millions de dollars américains par la fondation Bill et Melinda Gates, la fondation Wellcome Trust et par un ensemble de pays, en particulier la Norvège, le Japon et l'Allemagne.

Il n’est pas étonnant que Bill Gates finance Moderna, puisqu'il le fait également pour de nombreux vaccins et thérapies COVID-19, mais ce sont des modèles de vaccin dans lesquels il a tendance à investir massivement, car ils sont sélectionnés par la BARDA, l'Autorité pour la R&D avancée dans le domaine biomédical, placée dans le giron du ministère de la Santé.

En fait, GAVI a soutenu plus de 496 programmes de vaccination au cours des deux dernières décennies. L'industrie du vaccin se dirigeait déjà vers une industrie de 100 milliards de dollars par an avant que cette pandémie ne frappe.

Bill Gates a déclaré que « le seul moyen de ramener le monde là où il était avant que la COVID-19 n'apparaisse est un vaccin très efficace » Son message est cohérent, car il est sur le point de gagner des milliards de dollars. Bill Gates est un investisseur, pas un humanitaire. Ses dollars racontent toute son histoire.

Une dernière question pour toi Princesse, avant de te lire.

Les vampires réaliseront-ils leur rêve d'un billion de dollars suite à cette « grosse grippe », tout en nous mettant sous contrôle ?

Il paraît qu'un cyber journaliste d'investigation doit juste se contenter de communiquer des faits véridiques et de laisser le lecteur se faire sa propre opinion.

Et bien moi, je vais te donner la mienne.

Un jour, le monde considérera cette période comme le moment charnière qui a changé à jamais l'avenir de la planète terre. Des libertés ont été supprimées, des vies ont été ruinées, l'économie a presque été détruite, sauf pour les vampires qui ont vu leur portefeuille déborder de dollars - tout cela pour renverser un Président en prenant le contrôle du petit peuple, en amenant les gens à se soumettre par peur des confinements, masques et vaccins dont Dieu sait avec quel cocktail il est fait, avec en point de mire le carnet vaccinal sous-cutané.

Les survivants seront ceux qui continueront le combat pour notre liberté, notre justice et un avenir meilleur pour les générations à venir. L'avenir ne sera pas favorable à ces destructeurs qui ont commis une erreur dans l'exécution de leur plan machiavélique. Une erreur de date : la preuve de leur machination.

Je t'en parlerai lors de notre prochain échange, Princesse.

11.

L'histoire est une suite de mensonges sur lesquels on est d'accord.

Napoléon Bonaparte

Waouh ! Waouh !

Tu fais de plus en plus fort, Petit Jedi. Généralement, on perd en moyenne 75 cheveux par jour et bien moi après ta lecture j'en ai perdu 150 !

Si j'ai bien compris, ce n'est pas le pouvoir qui corrompt, mais la peur. La peur de perdre le pouvoir corrompt ceux qui l'exercent et la peur du fléau du pouvoir corrompt ceux qui y sont soumis.

Hier soir, dans mon lit j'ai écrit ces quelques lignes.

Ils veulent que nous ayons peur.

Ils veulent que nous portions des masques et que nous nous arrêtions de parler, de sourire. Leur objectif est de nous faire craindre la vie elle-même !

Ils veulent que nous nous détestions.

Ils veulent que nous détestions « l'autre ».

Ils veulent que nous devenions agressifs pour mieux sévir.

Leur objectif est de tous nous diviser !

Ils veulent que nous devenions tous inhumains.

Ils veulent que nous portions un Pass de vaccination (QR Code) pour aller au restaurant, pour voyager, pour aller à l'école et ainsi mieux nous surveiller. Ce QR code sera sous-cutané !

Ils veulent que nous oubliions notre gentillesse.

Ils veulent que nous enterrions l'espoir.

Leur objectif est de nous prendre toute la lumière !

Ils pensent que leurs murs de briques nous sépareront.

Ils pensent que leurs forces de sécurité nous vaincront.

Ils sont si ignorants qu'ils ne comprennent pas que quand ils blessent un innocent, nous saignons tous.

Ils sont si ignorants qu'ils ne comprennent pas que nous n'aurons jamais peur, que nous ne nous détesterons jamais, que nous ne nous tairons jamais, car la vie est à nous !

Bon alors, il vient ce gros mensonge que tu as découvert, Petit Jedi ?

... »

Le 16 novembre 2020, la société Moderna, dont je t'ai longuement parlé, a publié une lecture préliminaire concernant des données de son vaccin COVID-19, suggérant un taux d'efficacité de 94,5%. Il a été autorisé par la FDA (l'administration américaine des denrées alimentaires et des médicaments) le 19 décembre 2020.

CONGRATULATIONS MODERNA et tous les autres !

Jackpot pour la Fondation Bill & Melida Gates qui a fait un don en mars 2019 de 1 051 128 dollars à Moderna, et ce n'est pas le seul investissement de la part de la fondation dans cette société.

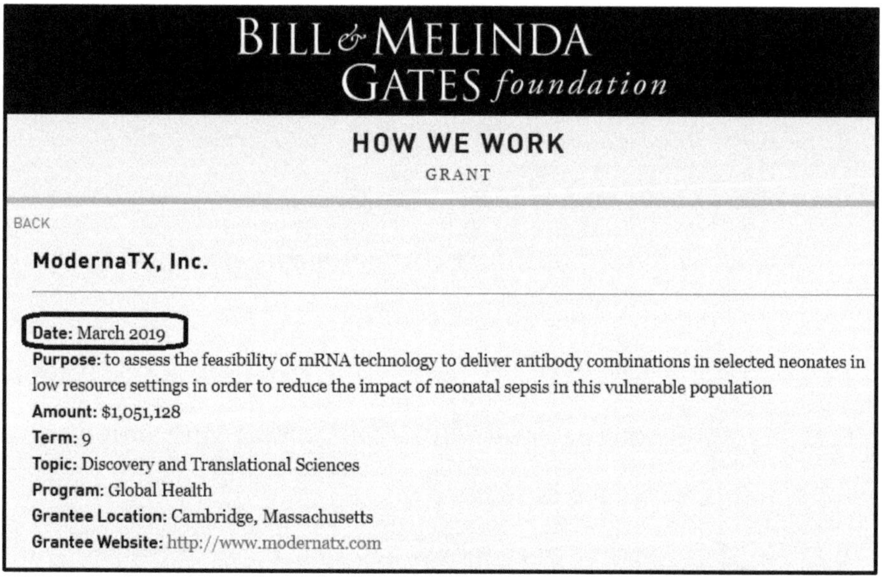
BILL & MELINDA GATES foundation

HOW WE WORK

GRANT

BACK

ModernaTX, Inc.

Date: March 2019
Purpose: to assess the feasibility of mRNA technology to deliver antibody combinations in selected neonates in low resource settings in order to reduce the impact of neonatal sepsis in this vulnerable population
Amount: $1,051,128
Term: 9
Topic: Discovery and Translational Sciences
Program: Global Health
Grantee Location: Cambridge, Massachusetts
Grantee Website: http://www.modernatx.com

Lorsque l'on étudie les différentes phases de conception de ce vaccin sur le site internet de Moderna, il est écrit que le « 11 janvier 2020, les autorités chinoises partagent la séquence génétique du nouveau coronavirus ».

https://www.modernatx.com/sites/default/files/content_documents/mRNA-1273-Update-11-16-20-Final.pdf

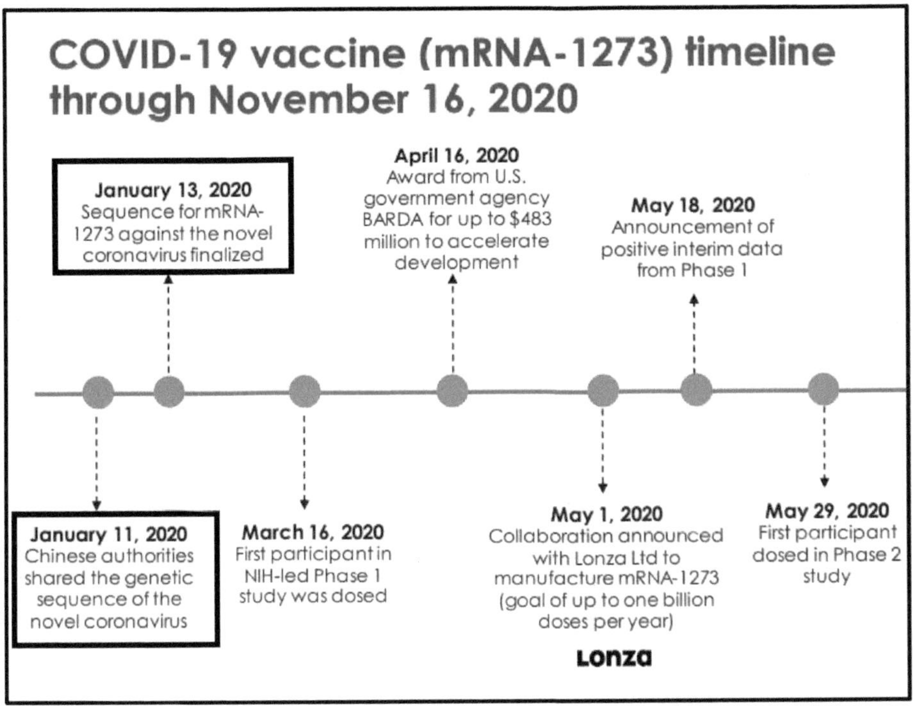

Et c'est là que ça devient intéressant, Princesse.

Le 22 avril 2020, le secrétaire d'État Mike Pompeo a déclaré que le Parti Communiste Chinois (PCC) « a censuré ceux qui essayaient d'avertir le monde, il a ordonné l'arrêt des tests de nouveaux échantillons et a détruit ceux qui existaient déjà.

Le PCC n'a toujours pas partagé l'échantillon de virus avec le monde extérieur, ce qui rend impossible le suivi d'évolution de la maladie. »

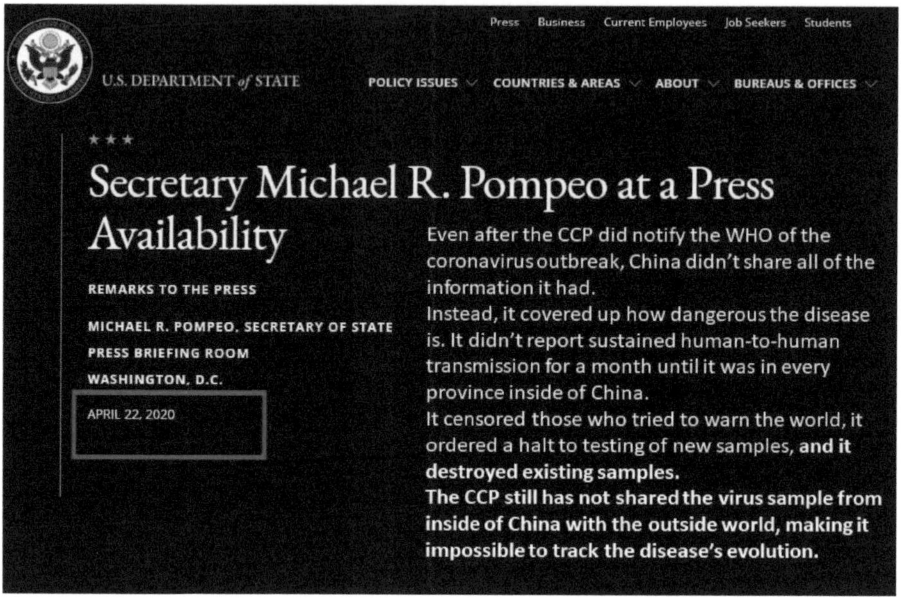

Press Business Current Employees Job Seekers Students

U.S. DEPARTMENT *of* STATE

POLICY ISSUES COUNTRIES & AREAS ABOUT BUREAUS & OFFICES

★ ★ ★

Secretary Michael R. Pompeo at a Press Availability

REMARKS TO THE PRESS

MICHAEL R. POMPEO, SECRETARY OF STATE

PRESS BRIEFING ROOM

WASHINGTON, D.C.

APRIL 22, 2020

Even after the CCP did notify the WHO of the coronavirus outbreak, China didn't share all of the information it had.
Instead, it covered up how dangerous the disease is. It didn't report sustained human-to-human transmission for a month until it was in every province inside of China.
It censored those who tried to warn the world, it ordered a halt to testing of new samples, **and it destroyed existing samples.**
The CCP still has not shared the virus sample from inside of China with the outside world, making it impossible to track the disease's evolution.

https://archive.vn/Y4bSm#selection-3207.168-3211.145

En juillet 2020, Pompeo a de nouveau déclaré : « Ils ont détruit des échantillons ; ils ont emprisonné des journalistes et des médecins qui étaient prêts à en parler ».

Le 11 janvier 2020, Moderna a publié que les Chinois avaient partagé la séquence génétique du virus, alors qu'en avril et en juillet 2020, le secrétaire d'État stipulait que les Chinois n'avaient toujours rien partagé sur le virus !

Si j'en crois le secrétaire d'État Mike Pompeo, Il n'y a jamais eu d'échantillon de SRAS-CoV-2 !

Et si on jouait aux 5 pourquoi Princesse ?

Pourquoi Moderna a publié sur son site que les Chinois ont partagé le génome du virus?

— Parce que le délai de conception du vaccin est très court !

Pourquoi le délai de conception du vaccin est très court ?

— Parce qu'un brevet de vaccin similaire existait déjà !

En effet, Moderna a déposé le 28 mars 2019, le brevet « HPIV3 RNA », modifié sur un vaccin traitant des problèmes respiratoires liés au coronavirus, 8 mois et 14 jours avant que le gouvernement chinois n'informe le bureau de l'OMS en Chine, le 31 décembre 2019, qu'un cas de pneumonie inconnue a été détecté à Wuhan. **https://patents.justia.com/patent/10702599**

JUSTIA Patents

HPIV3 RNA vaccines

Mar 28, 2019 · ModernaTX, Inc.

The disclosure relates to respiratory virus ribonucleic acid (RNA) vaccines and combination vaccines, as well as methods of using the vaccines and compositions comprising the vaccines.

The Middle East respiratory syndrome coronavirus (MERS-CoV), or EMC/2012 (HCoV-EMC/2012), initially referred to as novel coronavirus 2012 or simply novel coronavirus, was first reported in 2012 after genome sequencing of a virus isolated from sputum samples from a person who fell ill during a 2012 outbreak of a new flu. As of July 2015, MERS-CoV cases have been reported in over 21 countries. The outbreaks of MERS-CoV have raised serious concerns world-wide, reinforcing the importance of developing effective and safe vaccine candidates against MERS-CoV.

Severe acute respiratory syndrome (SARS) emerged in China in 2002 and spread to other countries before brought under control. Because of a concern for reemergence or a deliberate release of the SARS coronavirus, vaccine development was initiated.

Pourquoi un brevet de vaccin existait déjà ?

Tu dois bien avoir une petite idée de la réponse Princesse…

Une question me hante, que valent exactement les vaccins contre la COVID-19 ?

Qui croire, puisque tout le monde ment !

Tu me dis quoi Princesse ?

De me pencher sur les effets indésirables.

Patience.

Les vaccins américains de Moderna et Pfizer ont donc tous deux été approuvés par la FDA (Food and Drug Administration) qui a pour mandat d'autoriser la commercialisation des médicaments sur le territoire des États-Unis. Le vaccin Moderna a été approuvé le 16 novembre 2020 et celui de Pfizer le 20 novembre 2020, via « l'autorisation de distribution en urgence » et non via le processus d'approbation standard.

Les petits flacons du vaccin Moderna et Pfizer peuvent envahir la planète et leur contenu injecté à la population elligible.

Je te vois venir Princesse, tu te demandes ce qu'est « l'autorisation de distribution en urgence ».

Pour répondre à ton interrogation légitime, j'ai visité le site internet gouvernemental **https://clinicaltrials.gov**.

Pour ne pas faire de jaloux, après la société Moderna, je me suis intéressé, comme tu peux le voir sur l'image ci-dessous, à « l'Étude visant à décrire l'innocuité, la tolérance, l'immunogénicité et l'efficacité des candidats vaccins à ARN contre la COVID-19 de Pfizer, chez des personnes en bonne santé ».

NIH U.S. National Library of Medicine

ClinicalTrials.gov

Study to Describe the Safety, Tolerability, Immunogenicity, and Efficacy of RNA Vaccine Candidates Against COVID-19 in Healthy Individuals

ClinicalTrials.gov Identifier: NCT04368728

Recruitment Status : Active, not recruiting
First Posted : April 30, 2020
Last Update Posted : February 10, 2021

Sponsor:
BioNTech SE

Collaborator:
Pfizer

Information provided by (Responsible Party):
BioNTech SE

No Study Results Posted on ClinicalTrials.gov for this Study

About Study Results Reporting on ClinicalTrials.gov

Recruitment Status :	Active, not recruiting
Estimated Primary Completion Date :	August 3, 2021
Estimated Study Completion Date :	January 31, 2023

Il est noté au-dessus d'un tableau « Pas de résultat d'étude posté sur le site concernant les candidats vaccins COVID-19 de Pfizer ».

Certes, il n'y en a pas, ce qui est très surprenant, mais tu peux cependant observer que l'étude comporte trois phases datées.

La première phase a pour objet de recruter des candidats pour tester le vaccin. Elle est toujours active, mais le recrutement est terminé.

La deuxième phase se terminera le 3 août 2021. La date est celle du dernier participant à une étude clinique examiné ou ayant reçu une intervention pour collecter les données finales pour le critère de jugement principal.

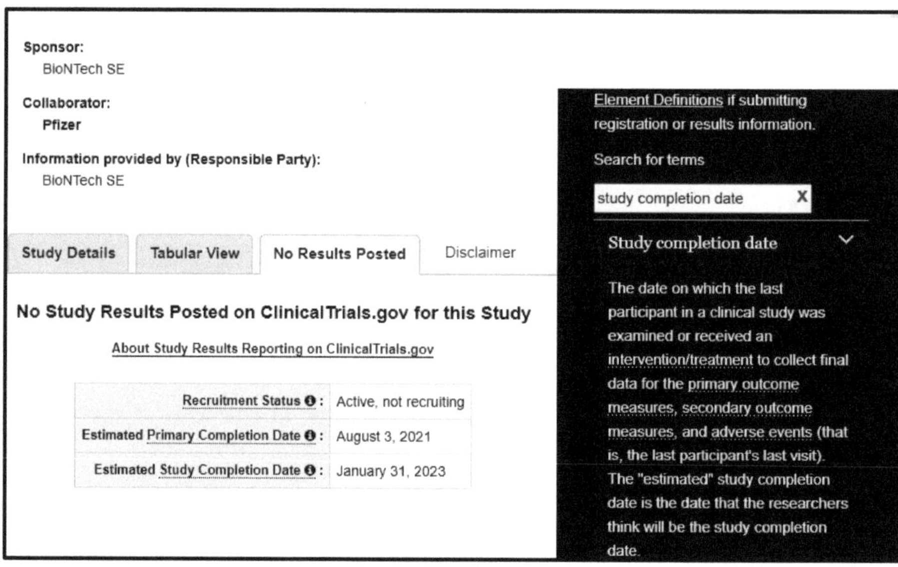

Comme tu peux le voir, la troisième phase s'achèvera le 31 janvier 2023. Pour faire simple, celle-ci correspond à la fin des événements indésirables. La date d'achèvement estimée de l'étude est, pour les chercheurs, la date de fin d'étude visant à décrire l'innocuité, la tolérance, l'immunogénicité et l'efficacité des candidats vaccins à ARN contre la COVID-19 de Pfizer, chez des personnes en bonne santé.

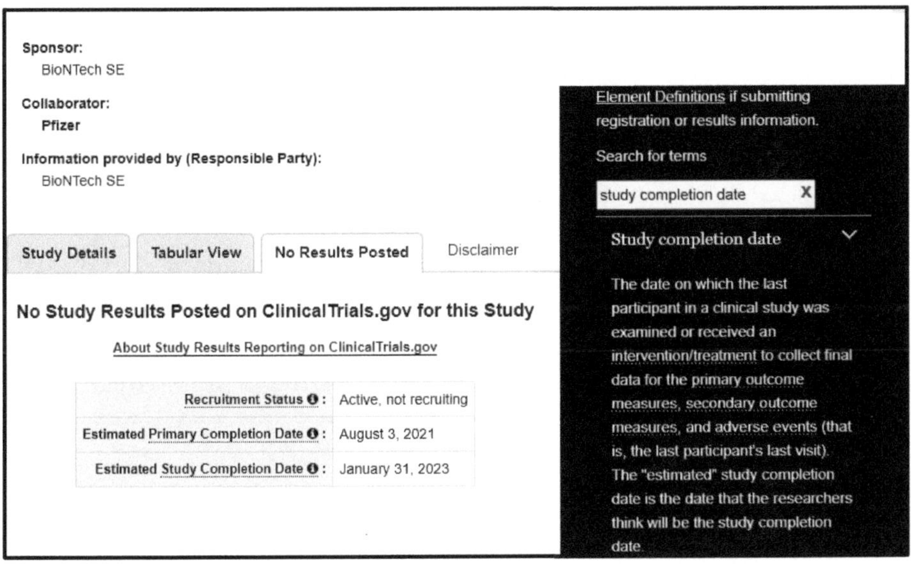

Le 24 février 2021, la Food and Drug Administration (FDA) des États-Unis a déclaré que le vaccin COVID à dose unique de Johnson & Johnson (J&J) est sûr et efficace.

Peut-on imaginer le lancement d'une chaîne de fabrication de voitures, et la mise en circulation de ces véhicules, alors que les documents officiels publiés laissent planer quelques incertitudes ? Incertitudes qui concerneraient la qualité des pièces composant le moteur et différentes autres pièces détachées dont celles relatives à la sécurité, le procédé de fabrication, la reproductibilité des lots commercialisés, etc.

Dans le domaine du médicament (dont les vaccins), l'acte pharmaceutique de « libération » du produit fini (produit autorisé destiné à la vente) constitue l'ultime étape de contrôle qui précède la mise à disposition de ces produits auprès de la population. Cette étape clef de « libération » relève de la responsabilité pharmaceutique des fabricants, notamment. Cependant, le rapport de la FDA ouvre la voie à l'octroi d'une autorisation d'utilisation en cas d'urgence (EAU) pour l'utilisation du vaccin aux États-Unis.

J&J a soumis ses données de vaccin COVID à la FDA au début de février 2021. Selon CNBC, seuls deux mois de tests de sécurité de phase 3 furent réalisés pour l'approbation d'urgence, contre six mois de tests nécessaires pour qu'un vaccin soit entièrement homologué.

Selon le rapport de la FDA, le vaccin de J&J a une efficacité globale de 66% pour la prévention de la « COVID-19 modéré à sévère », mais il est encore moins efficace contre la nouvelle variante sud-africaine. Le vaccin n'est efficace qu'à 42,3 % environ un mois après avoir reçu la dose unique chez les personnes de 60 ans ou plus.

Les régulateurs européens et l'Organisation mondiale de la santé envisagent également le vaccin de J&J, selon un rapport de CBS. Compte tenu de la relation de J&J avec la Fondation Bill & Melinda Gates et de l'Alliance mondiale pour les vaccins et les immunisations, et l'accord de 1 milliard de dollars entre le gouvernement américain et J&J pour acheter 100 millions de doses de son vaccin expérimental, une approbation d'urgence est « plus que probable ».

Merci pour tes recherches sur la Fondation Bill Gates, j'ai noté qu'elle avait fait un don de 1.5 millions de dollars.

Selon l'analyse de la FDA, le vaccin de J&J consiste en un «adénovirus » recombinant la réplication de type 26, une protéine de pointe du SRAS-CoV-2, ainsi que les ingrédients inactifs suivants: acide citrique monohydraté, citrate trisodique dihydraté, éthanol, 2-

hydroxypropyl- β-cyclodextrine (HBCD), polysorbate 80, chlorure de sodium, hydroxyde de sodium et acide chlorhydrique.

Bien que la FDA n'ait identifié aucun problème de sécurité avec le vaccin COVID de J&J, un rapport d'octobre 2020 indique que la société avait temporairement suspendu les essais cliniques de la phase 3 de son vaccin COVID-19, après qu'un volontaire eut subi une «maladie inexpliquée» supposée être liée au vaccin expérimental.

Lors de la réunion du Comité consultatif sur les pratiques d'immunisation (ACIP) du 30 octobre 2020, le Docteur Jerald Sadoff de Johnson & Johnson a été pressé par pas moins de six membres de l'ACIP de révéler cette maladie, mais il a refusé, invoquant la confidentialité.

Le polysorbate 80, un ingrédient du vaccin de J&J, a également été soupçonné d'être une cause sous-jacente des effets indésirables du vaccin COVID à savoir un choc anaphylactique. Des études montrent que le polysorbate 80 perturbe la barrière hémato-encéphalique normalement protectrice.

ScienceDirect

The effect of polysorbate 80 on brain uptake and analgesic effect of D-kyotorphin

Mais l'histoire ne s'arrête pas là, Princesse.

Une pétition citoyenne a été envoyée à la FDA (l'administration américaine des denrées alimentaires et des médicaments) suite aux résultats des essais cliniques de phase 2/3 du vaccin COVID-19 de Pfizer, qui utilise un test diagnostique présomptif RT-qPCR (PCR), connu pour générer des taux élevés de résultats « faux positifs ».

FDA U.S. FOOD & DRUG
ADMINISTRATION

December 11, 2020

Aaron Siri
Siri & Glimstad LLP
200 Park Avenue
17th Floor
New York, NY 10166

Re: Citizen Petition and Petition for Administrative Stay of Action (Docket Number: FDA-2020-P-2225)

Dear Mr. Siri,

This letter responds to the following citizen petition and petition for administrative stay of action that you submitted to the Food and Drug Administration (FDA, the Agency, we) on behalf of Dr. Sin Hang Lee (Petitioner) relating to the Phase 3 trial of the BNT162b vaccine to prevent the novel coronavirus SARS-CoV-2 (COVID-19):

- The citizen petition dated November 23, 2020 (the CP); and
- The petition for administrative stay of action dated November 25, 2020 (the PSA)

Les essais cliniques de la phase 3, qui se termineront le 31 janvier 2023, ont confirmé 162 cas de faux positifs chez les participants recevant le placebo.

Le test NAAT (Nucleic acid amplification) utilisé pour la détection du SRAS-CoV-2 dans les essais cliniques n'a pas été autorisé ou approuvé par la FDA.

Or, ce test, basé sur le séquençage de Sanger est une technologie de biologie moléculaire irréfutable établie pour vérification de l'acide nucléique cible et de l'ARN du SRAS-CoV-2 dans les échantillons cliniques.

Le séquençage de Sanger aurait ainsi permis de confirmer que les 162 échantillons sont de vrais positifs pour le SRAS-CoV-2.

En clair, les 162 cas « faux positifs » ont permis de réviser à la hausse le pourcentage d'efficacité du vaccin de Pfizer qui d'après celle-ci est de 95 %.

Pfizer a communiqué des résultats pour 5 664 personnes âgées de 18 à 64 ans et 1 816 personnes âgées de 65 à 85 ans après avoir reçu une dose.

Dans le groupe de 18 à 64 ans, 38 % ont signalé une fatigue tandis que 35 % ont signalé des maux de tête et 16% avaient des frissons. 11 % ou moins souffraient de douleurs articulaires et de diarrhée. Les pourcentages d'effets secondaires étaient plus faibles dans le groupe de 65 à 85 ans.

Après la deuxième dose, 36 % des participants à l'essai âgés de 18 à 64 ans ont signalé une fatigue, tandis que 28 % ont signalé un mal de tête et 18 % ont signalé des douleurs musculaires. Encore une fois, les données ont été masquées entre ceux qui avaient reçu le placebo et ceux qui avaient reçu le vaccin.

La plupart des effets secondaires après la deuxième dose étaient légers à modérés, mais certains participants ont éprouvé des effets secondaires graves ou de grade 4 qui, selon la présentation pouvaient être invalidants ou engager leur pronostic vital.

Après la deuxième dose, il y eût des effets secondaires plus graves qu'après la première, comme détaillée dans la pétition.

—Et dans les autres pays, comment cela se passe ?

—*À l'Ouest, rien de nouveau !* Aux USA, la FDA a ouvert la voie à l'octroi d'une autorisation d'utilisation en cas d'urgence (EAU). En Europe, il y a par l'Agence européenne du médicament (EMA) et l'AMM « conditionnelle ».

—C'est quoi AMM ?

—C'est une autorisation de Mise sur le Marché. L'AMM est pour un médicament ce qu'une carte grise représente pour une voiture. L'AMM est octroyée quand un médicament a prouvé sa qualité, son efficacité et sa sécurité ; avec un rapport bénéfice/risque positif : c'est-à-dire qu'il présente plus de bénéfices que de risques. L'obtention de cette AMM est la condition indispensable pour qu'un laboratoire pharmaceutique puisse vendre un médicament, dont les vaccins.

Dans le cas des vaccins contre la Covid-19, les 4 AMM délivrées sont des AMM dites conditionnelles ». Elles sont donc temporaires. Leur durée de validité n'excède pas 1 an ; car elles sont obtenues sur la base de « données allégées incomplètes ».

Pour obtenir une AMM standard de 5 ans, les laboratoires concernés doivent fournir des dossiers complétés « d'études en cours et d'études planifiées dans les années à venir ». Tout au long de « ce développement », une surveillance étroite et coordonnée entre les laboratoires fabricants et les autorités de santé est organisée au travers de discussions régulières.

L'AMM « conditionnelle » est « réévaluée chaque année » en fonction de l'apport et de l'analyse critique des données supplémentaires fournies et recueillies durant une année complète.

Cette AMM « conditionnelle » est une AMM européenne. Elle est obtenue par la procédure centralisée accélérée. Elle permet une mise sur le marché simultanée dans les 30 pays suivants (Union européenne et Association européenne de libre-échange) : Allemagne, Autriche, Belgique, Bulgarie, Chypre, Croatie, Danemark, Espagne, Estonie, Finlande, France, Grèce, Hongrie, Irlande, Islande, Italie, Lettonie, Liechtenstein, Lituanie, Luxembourg, Malte, Norvège, Pays-Bas, Pologne, Portugal, Roumanie, Slovaquie, Slovénie, Suède, Tchéquie.

L'ensemble des études déposées lors de la demande d'AMM est résumé dans l'EPAR (European Public Assessment Report : Rapport Public d'Évaluation Européen).

Ce dernier est publié sur le site de l'Agence Européenne du Médicament (EMA). Y figurent également les études planifiées, non encore réalisées.

Ce planning, qui « s'étale de 2021 à au moins 2024 » selon les vaccins contre la Covid-19, est défini dans les « annexes » de l'AMM conditionnelle et dans les EPAR publiés.

À titre d'exemple, le vaccin Pfizer a obtenu cette AMM conditionnelle européenne le 21 décembre 2020. Et, le délai pour déposer « la confirmation » d'efficacité, de sécurité et de tolérance de ce vaccin est fixé au mois de « décembre 2023 ».

Le vaccin Moderna a obtenu cette AMM le 6 janvier 2021. Le délai pour déposer « la confirmation » d'efficacité, de sécurité et de tolérance du vaccin est fixé au mois de « décembre 2022 », au moins.

Le vaccin Astra Zeneca a obtenu cette AMM le 29 janvier 2021. Le délai pour déposer « la confirmation » d'efficacité, de sécurité et de tolérance du vaccin est fixé au mois de « mars 2024 ».

Le vaccin Johnson & Johnson a obtenu cette AMM européenne conditionnelle le 11 mars 2021. Le délai pour déposer « la confirmation » d'efficacité, de sécurité et de tolérance du vaccin est fixé au mois de « décembre 2023 ».

Mais, à ce jour, de façon tout à fait inédite, un autre délai vient d'être fixé pour ces 4 vaccins !!!

Ce délai ne concerne plus seulement les essais cliniques en cours, mais (supprimer également) les « preuves de qualité pour la substance active et le produit fini », lui-même : c'est-à-dire la qualité intrinsèque (le cœur) du produit vendu et administré à des millions de gens !

Cela est tout à fait nouveau, les documents officiels publiés soulignent également le caractère incomplet des preuves relatives à la « qualité » de la « substance active » et des « excipients », du « procédé de fabrication », de la « reproductibilité des lots » commercialisés, etc.

C'est ainsi que le délai pour déposer les compléments de preuves concernant la « qualité » de la « substance active » et du « produit fini » (c'est-à-dire le vaccin autorisé et vendu) est fixé aux mois de :

« juillet 2021 » pour Pfizer ;

« juin 2021 » pour Moderna ;

« juin 2022 » pour Astra Zeneca ;

« août 2021 » pour Johnson & Johnson.

En effet, pour ces 4 vaccins, le paragraphe « E. Obligation spécifique relative aux mesures post-autorisation concernant l'autorisation de mise sur le marché conditionnelle », extrait de l'annexe II de l'AMM, mentionne clairement ce qui suit :

Pour le vaccin BioNTech/Pfizer :

À échéance de « mars 2021 », le laboratoire doit fournir « des données de validation supplémentaires » en vue de « confirmer la reproductibilité du procédé de fabrication du produit fini».

À échéance de « juillet 2021 », le laboratoire doit fournir les informations manquantes afin de :

- ✓ « compléter la caractérisation de la substance active et du produit fini » ;
- ✓ « renforcer la stratégie de contrôle, y compris les spécifications de la substance active et du produit fini » dans le but « d'assurer une qualité constante du produit » ;
- ✓ « fournir des informations supplémentaires concernant son procédé de synthèse et sa stratégie de contrôle » afin de « confirmer le profil de pureté de l'excipient ALC-0315 » et « d'assurer un contrôle qualité et une reproductibilité entre les lots tout au long du cycle de vie du produit fini » ;
- ✓ « fournir des informations supplémentaires concernant son procédé de synthèse et sa stratégie de contrôle » afin de « confirmer le profil de pureté de l'excipient ALC-0159 » et « d'assurer un contrôle qualité et une reproductibilité entre les lots tout au long du cycle de vie du produit fini » ;

Et à échéance de « décembre 2023 », et « en vue de confirmer l'efficacité et la sécurité » de ce vaccin, le laboratoire « devra soumettre le rapport final d'étude clinique pour l'étude randomisée, contrôlée contre placebo, avec observateur en aveugle (étude C4591001) ».

Pour le vaccin Moderna, le laboratoire doit fournir les informations manquantes afin de :

- ✓ « compléter la caractérisation des procédés de fabrication de la substance active et du produit fini » (échéance « janvier 2021 ») ;
- ✓ « confirmer la reproductibilité du procédé de fabrication de la substance active et du produit fini (tailles de lot initiale et finale) (échéance « avril 2021 ») ;
- ✓ « fournir des informations supplémentaires sur la stabilité de la substance active et du produit fini et revoir les spécifications de la substance active et du produit fini après une plus longue pratique industrielle » dans le but « d'assurer une qualité constante du produit » (échéance « juin 2021 ») ;
- ✓ « soumettre le rapport final de l'étude pour l'étude clinique randomisée, contrôlée par placebo et en aveugle pour l'observateur mRNA-1273-P301 » dans le but de « confirmer l'efficacité et la sécurité de COVID-19 Vaccine Moderna » (échéance « décembre 2022 »).

Pour le vaccin Astra Zeneca, le laboratoire doit verser les informations manquantes afin de :

- ✓ « fournir les données de validation et de comparabilité supplémentaires, et instaurer des tests plus approfondis » dans le but de « confirmer la reproductibilité des procédés de fabrication de la substance active et du produit fini » (échéance « décembre 2021 ») ;
- ✓ « fournir l'analyse principale (basée sur le data cut-off du 7 décembre (post-verrouillage de la base de données) et l'analyse finale des études pivotales combinées » afin de « confirmer l'efficacité et la tolérance de COVID-19 Vaccine AstraZeneca » (échéance « 5 mars 2021 » (pour l'analyse principale) et « 31 mai 2022 » (pour l'analyse combinée)) ;
- ✓ « soumettre les rapports finaux des études cliniques randomisées et contrôlées COV001, COV002, COV003 et COV005 » en vue de « confirmer l'efficacité et la tolérance de COVID-19 Vaccine AstraZeneca » (échéance « 31 mai 2022 ») ;
- ✓ « fournir des données supplémentaires concernant la stabilité de la substance active et du produit fini et revoir les spécifications du produit fini après une longue pratique industrielle » en vue
- ✓ « d'assurer une qualité constante du produit » (échéance « juin 2022 ») ;

- ✓ « soumettre la synthèse et les résumés de l'analyse principale et le rapport final d'étude clinique pour l'étude D8110C00001 » en vue de « confirmer l'efficacité et la tolérance de COVID-19 Vaccine AstraZeneca chez les personnes âgées et les sujets présentant une maladie sous-jacente » (échéance « 30 avril 2021 » (pour l'analyse principale) et « 31 mars 2024 » (pour le rapport d'étude final).

Pour le vaccin Johnson & Johnson, le laboratoire doit transmettre les informations manquantes afin de :

- ✓ « fournir des données de comparabilité et de validation supplémentaires » en vue de « confirmer la reproductibilité du procédé de fabrication du produit fini » (échéance « 15 août 2021 ») ;
- ✓ « déposer le rapport final de l'étude clinique randomisée, contrôlée contre placebo, en simple aveugle VAC31518COV3001 » en vue de « confirmer l'efficacité et la sécurité du vaccin COVID-19 Ad26.COV2.S » (échéance « 31 décembre 2023 »).

—Waouh ! Tu dors quand ?

—J'aurai bien le temps de dormir lorsque mon passage sur terre sera terminé. Vois-tu Princesse, l'insuffisance d'évaluation ne concerne donc pas seulement les essais cliniques (études menées chez l'Homme (femme et homme)), mais également la qualité même de la substance active, des excipients dont certains sont nouveaux, du procédé de fabrication, des lots libérés et administrés à des personnes humaines dans plusieurs pays du monde.

D'ailleurs, ces excipients nouveaux doivent être considérés comme des principes actifs nouveaux . Ils devront donc faire l'objet d'un dossier d'évaluation complet et similaire à celui qui est exigé pour un principe actif nouveau.

Le changement du nom commercial de l'un de ces vaccins, comme annoncé récemment pour le vaccin du laboratoire Astra Zeneca, ne devrait être considéré que comme un arrangement cosmétique de l'image du produit dans un but marketing (conquête d'une nouvelle confiance du public, relance des ventes). Il ne répondrait pas aux questions soulevées concernant la qualité, l'efficacité et la sécurité du produit. C'est l'une des techniques habituellement utilisée pour maquiller (dissimuler) certaines caractéristiques indésirables du produit concerné. Une technique qui a déjà été employée pour présenter d'autres médicaments sous leur meilleur jour.

Dans le domaine du médicament (dont les vaccins), la « libération» du produit fini (destiné à la vente) est l'ultime étape de contrôle (de la qualité et donc de la sécurité) avant de mettre à disposition de la population ces produits.

Cette étape clef de « libération » des lots relève de la responsabilité pharmaceutique des fabricants. Mais, la responsabilité des utilisateurs (établissements et professionnels de santé notamment) peut également être engagée.

À mon avis, ces études cliniques n'auraient jamais dû commencer avant la totale maîtrise de la qualité intrinsèque du produit fini et de son procédé de fabrication ; avant la stabilisation des formules de ces vaccins.

Comment comparer les résultats de ces essais cliniques, menés à l'échelle mondiale, quand le vaccin administré peut varier d'une fabrication à l'autre, d'un lot à l'autre, d'une région à l'autre... ?

Ces variabilités, qui impactent le cœur même du produit, pourraient invalider tous les essais cliniques effectués.

Même en cas d'urgence sanitaire, il nous est difficile de comprendre les fondements de ces AMM (autorisation de mise sur le marché) octroyées à ces vaccins contre la Covid-19.

Aux incertitudes liées à la Covid-19, se sont ajoutées les approximations liées à l'utilisation, et à la qualité intrinsèque même, de ces vaccins. Désormais, il faudrait gérer deux problèmes au lieu d'un.

La manœuvre semble subtile. Si les informations utiles sont bien disponibles dans les documents officiels publiés dans le cadre de l'AMM, ces données ne sont pas rendues visibles par le discours officiel. Ce dernier ne cherche qu'à présenter ces produits comme étant efficaces et sûrs, et sans réserve ; alors que les formules et les procédés de fabrication de ces vaccins ne semblent même pas être totalement stabilisés.

Toute personne a droit à une information claire, loyale et appropriée. Cette information est également pérenne : en cas de révélation de nouvelles données, les personnes déjà vaccinées doivent en être informées a posteriori (après l'administration de tel ou tel vaccin).

L'« obligation » vaccinale ne peut donc prospérer ; même sous une forme déguisée via notamment un « passeport vaccinal ».

Cette nouvelle analyse vient renforcer nos précédentes réflexions comme celle intitulée « Le vaccin contre la Covid-19 (Tozinaméran ; COMIRNATY°) pourrait-il être qualifié de « défectueux » par le juge ? » ; ou celles exprimées dans les deux lettres ouvertes qui ont déjà été adressées notamment au Ministre des solidarités et de la santé et aux 7 Ordres professionnels de santé.

La vulnérabilité ne jaillit pas uniquement de l'âge et de l'état de santé des personnes. Ne pas pouvoir accéder à une information indépendante sur les médicaments (dont les vaccins) est la première des pauvretés et des inégalités.

D'ailleurs, concernant les incertitudes sur l'efficacité de ces vaccins, en France, le Conseil d'État relevait notamment le 3 mars 2021, l'aveu du Ministère des solidarités et de la santé lui-même, et les contradictions de l'« administration » française. Dans cette décision, et contre l'avis de ce Ministère, le Conseil d'État avait pris une décision qui semblait tendre vers la reconnaissance de cette efficacité. Mais, quelques jours plus tard, dans une nouvelle décision (n°450413) rendue le 11 mars 2021, le Conseil d'État change de position et admet « l'incertitude qui demeure sur l'efficacité réelle du vaccin quant à la propagation du virus ». Il y a lieu de rappeler aussi que, le 18 février 2021, Monsieur le Ministre des solidarités et de la santé française a reconnu également, et publiquement, qu'aucun pays européen n'a pu apporter, non plus, la preuve que ces vaccins permettaient de prévenir les formes « graves » de la Covid-19.

Dans son dernier « Point de situation sur la surveillance des vaccins contre la COVID-19 – Période du 12/03/2021 au 18/03/2021 » publié le 26 mars 2021 - mis à jour le 29 mars 2021 -, l'agence nationale de sécurité du médicament (ANSM) fait état notamment du nombre de décès survenus en France après l'administration de ces vaccins.

Des décès qui sont notifiés (signalés) en pharmacovigilance (indépendamment de la certitude du « lien de causalité » entre ces vaccins et ces décès) : « 311 décès » après l'administration du vaccin BioNTech/Pfizer ; « 4 décès » après l'administration du vaccin Moderna ; « 20 décès » après l'administration du vaccin Astra Zeneca; (pas de données pour l'instant concernant le dernier vaccin Johnson autorisé). N'oublions pas qu'il existe en général pour tous les médicaments une forte sous-notification en pharmacovigilance malgré le caractère obligatoire de ces déclarations.

Par conséquent, la prudence voudrait que dans tous les pays où ces vaccins contre la Covid-19 ont été commercialisés, tous les lots ainsi « libérés » soient immédiatement retirés ; et que ces AMM déjà octroyées soient suspendues, voire annulées, en urgence et jusqu'à nouvel ordre. C'est en tout cas le sens des recommandations que nous pourrions suggérer aux autorités ad hoc.

Et, a minima, ces informations devraient être portées à la connaissance de toute personne de façon claire, loyale et appropriée.

D'autant plus qu'en cas d'effets indésirables graves, dont des décès, les victimes et leurs familles se trouvent souvent démunies pour établir ledit « lien de causalité » avec certitude, face à l'exigence de la « preuve diabolique ».

Cela prouve Princesse, à quel point le vaccin est efficace !

Aucune inquiétude tout a été prévu !

Le 19 décembre 2020 eut lieu le premier séminaire organisé par les CDC (Centers for Disease Control and Prevention), la principale agence fédérale des États-Unis en matière de protection de la santé publique.

C'est alors que furent présentés les premiers résultats de VAERS.

Créé en réponse à la *National Childhood Vaccine Injury Act*, VAERS est un système d'alerte précoce pour détecter d'éventuels problèmes de sécurité avec les vaccins en collectant des données sur les événements indésirables (effets secondaires possibles ou problèmes de santé) pouvant survenir le cas échéant.

Médecins, infirmières, fabricants de vaccins et tout membre du grand public - peuvent lui soumettre un rapport. **https://vaers.hhs.gov/**

De nombreux rapports VAERS fournissent des images détaillées des événements indésirables survenus. Par exemple, les 929 décès signalés associés à la vaccination COVID-19 incluent des informations sur l'âge, l'état et le délai de propagation des symptômes du patient, en voici quelques-uns.

Une femme de 50 ans du Nebraska décédée le 31 décembre 2020 le jour même où elle a reçu un vaccin Moderna après avoir souffert d'un « arrêt cardio-respiratoire ». [Décès 918518]. **https://www.medalerts.org/vaersdb/findfield.php?IDNUMBER=918518**

This is VAERS ID 918518

Case Details

VAERS ID:	918518 (history)	**Vaccinated:**	2020-12-31
Form:	Version 2.0	**Onset:**	2020-12-31
Age:	50.0	**Days after vaccination:**	0
Sex:	Female	**Submitted:**	0000-00-00
Location:	Nebraska	**Entered:**	2021-01-04

Vaccination / Manufacturer	Lot / Dose	Site / Route
COVID19: COVID19 (COVID19 (MODERNA)) / MODERNA	011L20A / 1	UN / IM

Administered by: Private **Purchased by:** ?
Symptoms: Autopsy, Cardio-respiratory arrest, Death, Resuscitation, Syncope

Une femme de Washington de 58 ans a pris la première dose de vaccin COVID de Pfizer vers 9 heures du matin le 4 janvier 2021 au centre médical où elle travaillait comme femme de ménage et une heure plus tard, elle a commencé à se plaindre de nausées et à se sentir partir. À 15 h ce jour-là, elle « paressait fatiguée et léthargique », selon un rapport du VAERS, et vers 16 heures, elle a fait un arrêt cardiaque et n'a pas pu être réanimée.» [Décès n° 921768].

Un homme de 56 ans qui œuvrait dans un établissement communautaire de soins prolongés en Floride a reçu une deuxième dose du vaccin COVID de Pfizer le 12 janvier 2021 et a été trouvé apathique en moins d'une heure. Il a été déclaré en état de « mort cérébrale » puis est décédé deux jours plus tard. [Décès 944595].

Une femme de 58 ans s'est dirigée vers sa voiture 20 minutes après avoir reçu la première dose de vaccin Pfizer dans l'état de Virginie le 30 janvier 2021. Selon un rapport VAERS, des passants l'ont vue se pencher hors de sa voiture en disant qu'elle ne pouvait plus respirer, elle a alors commencé à vomir. Elle a reçu du gaz d'épinéphrine, mais elle est devenue amorphe peu de temps après avoir été placée dans une ambulance, où « une grande quantité de liquide a été aspirée des poumons de la patiente ». Sa mort fut déclarée au service des urgences. [Décès 989006].

Un homme du New Jersey, âgé de 28 ans, devait recevoir sa deuxième dose de vaccin Pfizer le 11 janvier 2021, mais il a été retrouvé atonique sur son lieu de travail à l'hôpital. Ses pupilles étaient « fixes et dilatées », selon un rapport du VAERS, et les tentatives pour le ranimer ont échoué. [Décès 943397].

This is VAERS ID 943397

Case Details

VAERS ID:	943397 (history)	**Vaccinated:**	2020-12-23
Form:	Version 2.0	**Onset:**	2021-01-11
Age:	28.0	**Days after vaccination:**	19
Sex:	Male	**Submitted:**	0000-00-00
Location:	New Jersey	**Entered:**	2021-01-14

Vaccination / Manufacturer	Lot / Dose	Site / Route
COVID19: COVID19 (COVID19 (PFIZER-BIONTECH)) / PFIZER/BIONTECH	EJ1862 / UNK	- / IM

Administered by: Private **Purchased by:** ?
Symptoms: Cardiac arrest, Cardioversion, Endotracheal intubation, Pupil fixed, Unresponsive to stimuli

Une femme de 33 ans est décédée le 28 janvier 2021 suite à sa première dose de vaccin Pfizer. Le rapport déposé par un médecin indiquait que « 15 heures après avoir reçu le vaccin (la) patiente a été retrouvée morte à son domicile ». [Décès 1000669].

Un homme de 43 ans qui a reçu le vaccin COVID de Moderna le 8 janvier 2021 à New York est décédé le lendemain. [Décès 933578]

Une femme de 43 ans sans affections médicales révélées et sans médicaments connus est décédée six heures après avoir reçu le vaccin COVID-19 de Pfizer le 13 janvier 2021, selon un rapport VAERS rédigé par un pharmacien. « Aucune autopsie n'a été effectuée. La cause du décès était inconnue, la mort inexpliquée. Aucune tentative de suivi n'est possible. Aucune information supplémentaire n'est attendue », indique le rapport. [Décès 965441].

Une femme du Tennessee âgée de 48 ans a eu de la fièvre, des nausées et des vomissements après sa première dose de vaccin COVID de Moderna le 30 janvier 2021, elle est décédée le 1er février 2021. [Décès 994913].

Une femme de l'Alabama âgée de 49 ans, quelques heures après avoir reçu une première dose de vaccin Moderna est décédée d'une crise d'épilepsie et d'une crise cardiaque. [Décès 950057].

Un Californien de 53 ans ayant reçu une injection du vaccin COVID de Pfizer le 4 janvier 2021 a commencé à se sentir immédiatement mal, selon un rapport du VAERS. «Il est rentré chez lui et s'est couché. L'homme a dormi par intermittence et a commencé à vomir et développer des difficultés respiratoires. Il a été emmené en ambulance dans un établissement de soins d'urgence, où il est devenu de plus en plus «agité», il a continué à vomir et s'est déshydraté. Le lendemain matin, selon le rapport VAERS, «le patient a déclaré qu'il ne pouvait plus respirer et que son esprit s'emballait.» Il est décédé à 10 h 15 le 6 janvier et, selon le rapport VAERS déposé par son frère, «il a été rapporté qu'aucun des symptômes ne s'était manifesté jusqu'à ce que le patient ait reçu le vaccin». [Décès 934968].

Un pharmacien de Virginie âgé de 58 ans a développé de la fatigue et un essoufflement quelques heures après avoir reçu le vaccin de la deuxième dose de Moderna le 21 janvier 2021. Il a été hospitalisé deux jours plus tard alors que son état empirait, mais il a été testé à plusieurs reprises négatif pour la COVID-19. Il est décédé le 5 février. [Décès 1006168].

Une femme hawaïenne de 52 ans est décédée deux heures après avoir reçu la première dose du vaccin COVID-19 de Moderna, d'un accident vasculaire cérébral. [Décès 930910].

Une femme de Washington âgée de 58 ans a pris la première dose de vaccin COVID de Pfizer vers 9 heures du matin le 4 janvier 2021 au centre médical où elle travaillait comme femme de ménage et une heure plus tard, elle a commencé à se plaindre de nausées et d'avoir l'impression qu'elle allait mourir. À 15 h ce jour-là, elle «semblait fatiguée et léthargique », selon un rapport du VAERS, et vers 18 heures, elle « a fait un arrêt cardiaque et n'a pas pu être réanimée. » [Décès 921768].

Un homme de 23 ans à New York a reçu une première dose du vaccin COVID de Pfizer le 17 janvier 2021. « Le patient a développé une température de 42 ° C environ 48 heures après avoir reçu le vaccin. Je l'ai traité avec des antibiotiques, des injections intraveineuses, des méthodes de refroidissement », a déclaré un rapport déposé par un médecin.

"Malheureusement, il a subi un arrêt cardiaque le 21/01/21 tôt le matin et a expiré." [Décès 960841].

This is VAERS ID 960841

Case Details

VAERS ID:	960841 (history)	**Vaccinated:**	2021-01-17
Form:	Version 2.0	**Onset:**	2021-01-19
Age:	23.0	**Days after vaccination:**	2
Sex:	Male	**Submitted:**	0000-00-00
Location:	New York	**Entered:**	2021-01-21

Vaccination / Manufacturer	Lot / Dose	Site / Route
COVID19: COVID19 (COVID19 (PFIZER-BIONTECH)) / PFIZER/BIONTECH	- / 1	UN / IM

Administered by: Senior Living **Purchased by:** ?
Symptoms: Cardiac arrest, Chest X-ray abnormal, Death, Lung infiltration, Pyrexia

Aucune de ces personnes ne présentait de contre-indications de vaccination !

SCANDALES !

Les premiers effets indésirables ont déjà été signalés et de nombreuses personnes ont déclaré avoir un avis extrêmement réservé sur le vaccin, malgré le show de personnes connues se faisant vacciner devant des caméras de télévision.

Le tableau ci-après montre que 112 807 personnes avaient reçu la 1re dose au 18 décembre 2020, dont 514 femmes enceintes. 3150 personnes ont subi un impact sur leur santé.

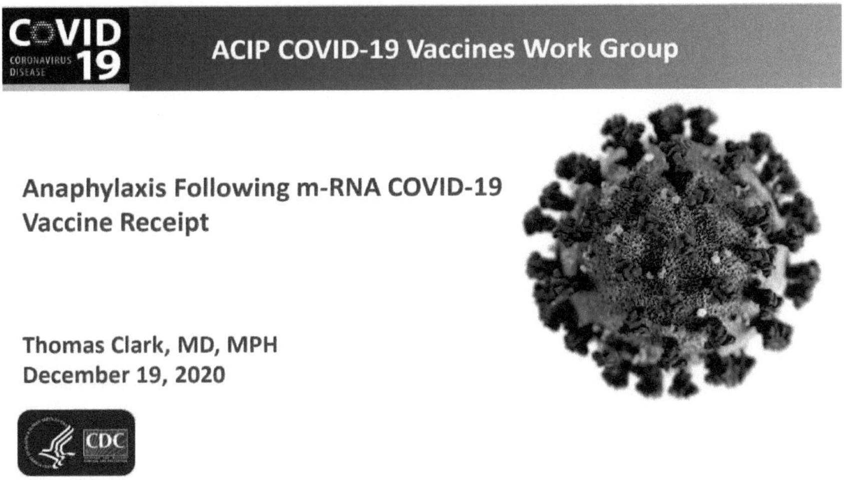

V-safe Active Surveillance for COVID-19 Vaccines

	Dec 14	Dec 15	Dec 16	Dec 17	Dec 18*
Registrants with recorded 1st dose	679	6,090	27,823	67,963	112,807
Health Impact Events**	3	50	373	1,476	3,150
Pregnancies at time of vaccination	5	29	103	286	514

Le CDC a lancé une enquête pour en savoir plus et a annoncé que les personnes qui avaient eu des réactions allergiques à l'une des composantes des vaccins COVID-19, ne devraient pas recevoir la seconde dose.

Une enquête menée à l'hôpital Loretto de Chicago, où le premier vaccin COVID-19 de la ville a été administré, a révélé que 40 % du personnel n'envisageaient pas de se faire vacciner. Beaucoup s'inquiètent de la rapidité de son développement et des effets secondaires potentiels.

Pendant ce temps, à Libertyville, non loin de Chicago, les vaccinations ont été temporairement suspendues après que quatre membres de l'équipe aient présenté des effets indésirables.

En Alaska, cinq travailleurs de la santé ont fait un choc anaphylactique après avoir reçu le vaccin, bien qu'ils n'aient pas d'allergies pré existantes. Cela fait écho à un rapport selon lequel un médecin recevant le vaccin à New York a été transféré aux soins intensifs après avoir présenté les mêmes symptômes.

Menu ANCHORAGE DAILY NEWS Coronavirus Alaska News Politics Opinions

Alaska News

After few vaccine reactions, Alaska officials stress that reactions are treatable but COVID-19 is 'wild card'

Author: Morgan Krakow Updated: December 19, 2020 Published December 18, 2020

SCANDALE !

The Chicago Center for Bariatric Surgery & Medical Weight Loss at West de Chicago a décidé de faire une « pause » dans la vaccination suite à des effets indésirables.

5 CHICAGO LOCAL WEATHER VIDEO INVESTIGATIONS ENTERTAINMENT TRAFFIC 38°

CORONAVIRUS VACCINE

Suburban Hospital Temporarily Pauses Vaccinations 'Out of Abundance of Caution' Following Adverse Reactions

By Becca Wood • Published December 18, 2020 • Updated on December 19, 2020 at 9:23 am

SCANDALE !

Ainsi, la FDA a décidé d'enquêter sur les réactions allergiques au vaccin Pfizer signalées dans plusieurs États.

News Policy Opinion Events Jobs HILL.TV Changing America

TRENDING: COVID-19 RELIEF JOE BIDEN DONALD TRUMP CORONAVIRUS SPONSORED: GLOBAL LENSES UAE

THE HILL

FDA investigating allergic reactions to Pfizer vaccine reported in multiple states

BY TAL AXELROD - 12/19/20 08:35 AM EST

34,975 SHARES

L'essai clinique Moderna répertorie les effets indésirables locaux et systémiques dont la gravité varie du grade 1 au grade 3: douleur, érythème, gonflement, lymphadénopathie, fièvre, céphalées, fatigue, myalgie, arthralgie, nausées ou vomissements, frissons, paralysie de Bell et mort. La fiche d'information de la FDA sur le vaccin Pfizer-BioNTech COVID-19 répertorie les effets indésirables suivants : douleur lors de l'injection (84,1%), fatigue (62,9%), maux de tête (55,1%), douleurs musculaires (38,3%), frissons (31,9%), douleurs articulaires (23,6%), fièvre (14,2%), gonflement au site d'injection (10,5%), rougeur au site d'injection (9,5%), nausées (1,1%), malaise (0,5%) et lymphadénopathie (0,3%).

Pfizer-BioNTech signala également le choc anaphylactique, l'appendicite, la paralysie de Bell et la mort.

SCANDALE !

Ah, j'allais oublier, Pfizer a été condamné à une amende de plus de 4,7 milliards de dollars depuis 2000 pour de fausses allégations, des promotions inadéquates ou non approuvées, des pratiques de corruption à l'étranger, avec plus de 103 millions de dollars pour « infractions à la sécurité des médicaments ou des équipements médicaux » et plus de 34 millions de dollars pour « pots-de-vin ». *Si tu as le temps Princesse, voici le lien internet.*

https://violationtracker.goodjobsfirst.org/parent/pfizer

Et Bill Gates dans tout cela ?

Et bien, pour faire face aux vilains mutants du virus, il préconise de passer de deux doses à trois !

Business is Business, il a investi chez Moderna et Pfizer, entre autres.

Vois-tu Princesse, il y a des hommes dont le monde a déjà condamné la vie et les actions, mais dont l'énorme fortune ... leur a déjà valu l'acquittement.

En conclusion je citerai Napoléon Bonaparte « L'histoire est une suite de mensonges sur lesquels on est d'accord », pour dire qu'il y a de nombreuses données à passer au crible pour se faire une idée de la situation dans son ensemble et prendre des décisions appropriées basées sur des preuves.

Malheureusement, lorsque les informations rapportées vont à l'encontre des intérêts des grandes sociétés pharmaceutiques, de certains médias et journalistes, les professionnels de santé sont souvent disqualifiés lorsqu'ils tentent d'évoquer d'autres sources qui disent le contraire.

Ce que l'on entend sur certains plateaux de télévision n'est qu'une salade de mots. En les écoutant parler, je me rends compte que chacun pense détenir LA vérité sur cette pandémie, les vaccins, mais toujours sans afficher la moindre preuve !

C'est à chacun de décider s'il choisit les faits ou l'illusion. Ceux qui opteront pour l'illusion renonceront inévitablement à leurs libertés. Et s'ils sont trop nombreux, ils porteront la responsabilité d'avoir entraîné tous les autres avec.

Notre devoir Princesse, dans la situation actuelle, est soit d'obtenir une réponse aux questions que nous nous posons au fur et à mesure de nos investigations, soit de démontrer que les politiciens ignorent ces questions.

12.

Les menteurs veulent que vous soyez seul et déséquilibré, que vous vous noyiez dans vos doutes.

Il ne reste plus que quelques heures avant le rendez-vous dans le bureau du Big-Chef.

Kevin inquiet de ne rien recevoir de Cassie, il lui envoie un SMS.

—Coucou Princesse, tout va bien ?

—Coucou Jedi, cool, je t'envoie dans quelques minutes mon analyse des documents de la CIA.

—Yes ! On se voit demain matin en salle de rédac. Le rendez-vous est confirmé pour 13h.

—On ne fixe jamais de réunion à cette heure. Pas de 13 ! débrouille-toi pour changer ça.

—Waouh, tu connais le patron c'est impossible !

—Impossible ? Alors le repas du siècle dans ton appart, est impossible aussi.

—OK, j'essaie.

—Fais ou ne fais pas, d'essai il n'y a pas, petit Jedi.

—Je viens de recevoir ton mail. Fais une synthèse. D'essai il n'y a pas, princesse.

Kevin ouvre le mail envoyé par Cassie.

« ...

Tu m'as demandé d'analyser les documents de la CIA, parce que parmi les membres de la cellule de crise de Event201, il y avait d'anciens hauts fonctionnaires de la CIA et du Pentagone.

Comme tu commences à prendre de l'âge, je te rappelle que Event201 était un exercice de simulation d'une épidémie planétaire, organisé le 18 octobre 2019 à New York par le Johns Hopkins Center for Health Security, le World Economic Forum, et la Fondation Bill et Melinda Gates.

Je te remémore que le fondateur du World Economic Forum, est Klaus Schwab, celui qui a publié « The Great Reset », et que la magnifique carte mondiale du suivi de la COVID-19 a été conçue par le Johns Hopkins Center for Health Security. Quant à la fondation de Bill Gates, je dirai qu'elle est dans tous les coups.

Attache bien ta ceinture petit Jedi.

Le processus de lavage de cerveau suit deux voies. L'une est celle de la démoralisation, dont le résultat est de réduire les facultés critiques de la victime au point qu'elle devienne incapable de distinguer le vrai et le faux, le logique et l'illogisme.

L'autre est celle de la réorganisation dans laquelle elle doit construire ses confessions, les élaborer, les défendre et y croire.

Démonstration Petit Jedi :

« Un à deux millions d'Américains mourront. Oups, nos modèles étaient faux ! »

« Stérilisez tout dans votre maison et tous les jours ! C'est un virus aérosol. Non ce n'est pas vrai. Oui c'est le cas. Oh, attendez ».

« Portez un masque. Il vous protégera. Ne portez pas de masque, vous n'en avez pas besoin, il ne vous protégera pas. Un masque ne vous aidera pas et ne peut arrêter qu'une goutte ou deux. Oui, oui portez un masque ! Répétez après moi : je porte un masque pour protéger les autres parce que je me soucie d'eux et que je suis une personne merveilleuse. Voyons maintenant si vous pouvez en porter 2 ou 3 à la fois ».

Le 3 mars 2020, le docteur docteur Anthony Fauci, directeur de l'Institut national des allergies et maladies infectieuses, centre de recherche du département américain de la Santé, maintes fois récompensé pour sa gestion de la pandémie, répond aux interrogations de Lamar Alexander, sénateur républicain du Tennessee.

« …

« Lamar Alexander : Devrions-nous tous porter des masques ?

Anthony Fauci : Non.

—Pourquoi ?

—Parce qu'actuellement rien ne le justifie et certainement pas le coronavirus.

—Pourquoi les soignants portent-ils des masques dans les hôpitaux alors ?

—Eh bien, parce qu'un soignant qui s'occupe de quelqu'un dont l'infection par un virus transmissible est connue, a toutes les chances d'être contaminé à son tour. C'est différent que de marcher dans les rues avec un masque.

... »

Docteur, fin mars 2020, les États-Unis enregistraient 4000 morts. Si je comprends bien le virus ne traînait que dans les établissements de santé ! Alors on le met ou non, docteur, ce p* de masque ? À moins que tout ceci ne soit fait que pour voir grimper les chiffres et engendrer la peur...

Libération

DIRECT

Les Etats-Unis dépassent la barre des 4 000 morts

Par LIBERATION — 30 mars 2020 à 10:31 (mis à jour le 1 avril 2020 à 09:11)

« Vous n'êtes pas essentiel. Et vous là-bas - vous n'êtes pas non plus essentiel ».

SCANDALE !

Une restauratrice de 36 ans se suicide après la fermeture de son établissement

11/12/2020

« Voyons maintenant si nous pouvons fermer, tout ce qui n'est pas essentiel – restaurants, bars, librairies, salles de sport, musées, cinéma, spectacles, et j'en passe. » (aux dernières nouvelles, les librairies en France seraient redevenues essentielles, en février 2021)

SCANDALE !

« Faites-nous confiance - les tests sont très précis - n'écoutez pas les théoriciens du complot. Eh bien, si le seuil de cycle est supérieur à 36, cela pourrait créer un faux positif. Nous devons réduire le seuil, les tests sont faux ! Alors on confine sur de fausses informations ».

SCANDALE !

« Les enfants sont moins gravement touchés par le coronavirus, ouvrez les écoles. Johnny a un rhume - fermez toute l'école et mettez tout le monde en quarantaine ! Appelez vos voisins, appelez vos familles, appelez les inconnus que vous avez peut-être croisés !

Les enfants sont déprimés et deviennent suicidaires - nous devons ouvrir les écoles ! Les syndicats demandent aux enseignants de ne plus enseigner tant qu'ils n'auront pas été vaccinés par un non-vaccin que nous appelons simplement un vaccin. Pendant les vacances scolaires, les enfants travailleront chez eux. Mais les parents travaillent « chef », Ah mince ! Alors, ouvrez les écoles, non fermez les. Attendez ! ».

SCANDALE !

« Des centaines de milliers de personnes meurent de la COVID. Nous comptons tous ceux qui ont été testés positifs (avec de faux tests et asymptomatiques inclus) même s'ils sont morts de grippe, de crise cardiaque, de démence, d'un accident de voiture ou d'une blessure par balle. Mais, mais.. plus de 500 000 personnes sont mortes de la COVID aux États-Unis ! »

SCANDALE !

Vois-tu Princesse, en écrivant ces lignes, je me dis que « La vérité repose sur les lèvres des mourants ». Je poursuis.

« Le virus respiratoire le plus mortel au monde peut ne présenter aucun symptôme. Du tout. Mais.... Mais les asymptomatiques sont de super infecteurs ! Oh, je plaisante. Ils n'ont en fait qu'un taux de propagation inférieur à 1% ».

SCANDALE !

« Plus de câlins, plus de poignée de main, plus de sexe ! ».

SCANDALE !

« Lavez-vous les mains ! Lavez-vous les mains ! N'oubliez pas de vous laver les mains ! Si vous êtes un cas contact, faites-le dix fois par jour, par mesure de précaution ! ».

«Restez chez vous confiné. Ne vous inquiétez pas, on maîtrise la situation. Aïe, la situation n'est pas bonne. On reconfine ? Oui, mais seulement localement ».

SCANDALE !

« Puisque vous êtes prêt à porter votre masque seul dans la voiture, en hyperventilation en faisant du vélo ou dans le confort de votre maison, nous aimerions également que vous le portiez dans les salles de sport. Nous avons créé un masque spécial pour sportif. Son prix ? 20 dollars ! Les 10 ? Ben, non le masque ! ».

SCANDALE !

«Nous ne pourrons pas revenir à la normale tant que nous n'avons pas un vaccin. Ensuite, tout rentrera dans l'ordre, les enfants regagneront leur école et les adultes leur bureau. Ah mince ils étaient en télétravail. Nous n'avons besoin que de 70 % des personnes vaccinées pour disposer d'une immunité collective. Pschitt ! Nous avons menti. Il est nécessaire d'obtenir plus de 90 à 95 %, et en passant, ce n'est pas un vaccin qui vous empêchera de contracter le virus. Donc les masques et la distance sociale sont toujours indispensables.

Le vaccin c'est pour vous apporter du réconfort. »

SCANDALE !

« Comment osez-vous prier à l'église ? Si vous voulez vous agenouiller, faites-le dans une cabine Walmart, où vous ne pouvez pas être infecté ! Nous pensons à vous ! Les cérémonies funéraires dans les lieux de culte ne sont plus limitées en nombre de participants à condition d'occuper seulement une rangée sur deux et de laisser libres 2 sièges entre chaque personne ou entité familiale ».

SCANDALE !

« Absurdité! Il n'y aura ni puce ni suivi. C'est une théorie du complot ! Il n'y aura ni passeport, ni *pass* vaccinal...».

SCANDALE !

« L'usage de l'hydroxychloroquine ne fonctionne pas comme prophylaxie et peut être dangereux. Je plaisante, nous savons que l'hydroxychloroquine fonctionne. En fait, nous le savions en 2005. Nous l'approuvons maintenant, en 2021, bien que dans certaines limites ! »

SCANDALE !

« Nous devons protéger nos aînés parce qu'ils sont les plus vulnérables, afin que vous puissiez passer plus de temps avec eux. Ainsi, toutes les maisons de soins infirmiers seront confinées, à l'exception de celles auxquelles le gouvernement envoie des milliers de nouveaux patients positifs à la COVID ».

SCANDALE !

« Nous devons libérer des milliers de prisonniers des prisons à travers le pays afin qu'ils ne soient pas infectés par le virus le plus mortel au monde, qui a un taux de survie de 99,82 %. Quiconque ose ouvrir son entreprise non essentielle sera traqué, arrêté et jeté en prison ! ».

SCANDALE !

« 46 résidents d'une maison de retraite espagnole décèdent après avoir reçu le vaccin COVID-19.

Les autorités sanitaires auraient interrompu l'administration du deuxième vaccin de Pfizer ».

SCANDALE !

NEWS

46 residents in Spanish nursing home die after receiving COVID-19 vaccine

Health authorities have reportedly halted the administering of the second shot of Pfizer's vaccine

Mon Feb 15, 2021 - 3:48 pm EST

Jamais dans l'histoire de la vaccination, un vaccin n'avait fait autant de « dégâts » en si peu de temps.

National Vaccine Information Center
Your Health. Your Family. Your Choice.

MedAlerts Home

Search Results

From the 2/18/2021 release of VAERS data:

Found 129 cases where Vaccine is COVID19 and Symptom is Aborted pregnancy or Abortion or Abortion spontaneous or Abortion spontaneous complete or Abortion spontaneous incomplete or Abortion threatened or Exposure during pregnancy or Foetal-maternal haemorrhage or Foetal cardiac disorder or Foetal damage or Foetal death or Foetal disorder or Foetal distress syndrome or Foetal heart rate abnormal or Foetal heart rate deceleration or Foetal heart rate deceleration abnormality or Foetal heart rate decreased or Foetal heart rate disorder or Foetal heart rate increased or Foetal hypokinesia or Foetal malformation or Foetal malpresentation or Foetal monitoring abnormal or Foetal movement disorder or Foetal movements decreased or Foetal non-stress test abnormal or Placental disorder or Pregnancy induced hypertension or Pregnancy test positive or Premature baby or Premature baby death or Premature delivery or Premature labour or Premature rupture of membranes or Premature separation of placenta or Stillbirth or Ultrasound foetal abnormal

129 cas ont été identifiés où le vaccin contre la COVID19 est responsable des effets suivants :
Grossesse avortée, avortement, avortement spontané, avortement spontané complet, avortement spontané incomplet, avortement menacé, exposition pendant la grossesse, hémorragie fœtale-maternelle, trouble cardiaque fœtal, lésions fœtales, mort fœtale, trouble fœtal, syndrome de détresse fœtale, fréquence cardiaque fœtale anormale, décélération de la fréquence cardiaque fœtale, anomalie de la décélération cardiaque fœtale, fréquence cardiaque fœtale diminuée, trouble de la fréquence cardiaque fœtale, fréquence cardiaque fœtale augmentée, hypokinésie fœtale, malformation fœtale, maumaise présentation fœtale, surveillance fœtale anormale, trouble du mouvement, diminution des mouvements fœtaux, test de non-stress fœtal anormal, trouble placentaire, hypertension induite par la grossesse, test de grossesse positif, bébé prématuré, décès prématuré du bébé, accouchement prématuré, travail prématuré, rupture prématurée des membranes, séparation prématurée du placenta, échographie fœtale anormale, mort à la naissance.

SCANDALE !

Les fabricants de vaccins ont stoppé la vaccination des femmes enceintes.

On se demande bien pourquoi, Princesse, puis l'ont reprise.

This is page 1 out of 13

Result pages: 1 2 3 4 5 6 7 8 9 10 next

VAERS ID:	903280 (history)	**Vaccinated:**	2020-12-17
Form:	Version 2.0	**Onset:**	2020-12-17
Age:	27.0	**Days after vaccination:**	0
Sex:	Female	**Submitted:**	0000-00-00
Location:	New York	**Entered:**	2020-12-17

Vaccination / Manufacturer	Lot / Dose	Site / Route
COVID19: COVID19 (COVID19 (PFIZER-BIONTECH)) / PFIZER/BIONTECH	EK5730 / 1	LA / IM

Administered by: Private **Purchased by:** ?
Symptoms: Dizziness, Exposure during pregnancy, Flushing, Nausea

13.

Tout était planifié, même les mensonges.

Les cyber investigations que nous avons menées sur la COVID-19 soulèvent plusieurs anomalies et points d'interrogation :

Les tests sont-ils précis ?

Quelle est la composition réelle de ces vaccins ?

Existe-t-il un programme pour déstabiliser les sociétés et instituer des contrôles sociaux plus draconiens ?

Le cycle électoral est-il un prétexte déterminant dans un plan plus large visant à créer le chaos et le chômage afin de discréditer les présidents des pays industrialisés en exercice ?

Pourquoi un consensus de censure aussi violent pour museler les options qui remettent en question la version officielle ?

Pourquoi les géants des réseaux sociaux risqueraient-ils leur existence même, en utilisant un biais algorithmique d'intelligence artificielle pour clôturer les comptes des dissidents ou des intellectuels ?

En janvier 2017, le docteur Anthony Fauci était cité dans Healio News, un site Web spécialisé dans l'information clinique, disant : « Il ne fait aucun doute que l'administration à venir sera confrontée à un défi dans le domaine des maladies infectieuses ».

MCKENZIE SADEGHI | USA TODAY

Show Caption ⌄

The claim: Anthony Fauci said in 2017 Trump will "no doubt" face infectious disease outbreak during presidency

Son discours sur la préparation à la pandémie dans la prochaine administration a été prononcé au centre médical de l'université de Georgetown avec la phrase suivante : « La chose dont nous sommes absolument certains, c'est que nous la verrons dans les prochaines années ». Le lien de la vidéo ci-dessous.

https://eu.usatoday.com/story/news/factcheck/2020/07/29/fact-check-2017-anthony-fauci-warned-potential-outbreak/5494601002/

SCANDALE !

Cette prédiction s'ajoute à celle de Bill Gates du 17 février 2017, ce jour-là il était invité à la conférence sur la sécurité à Munich.

https://www.gatesfoundation.org/Media-Center/Speeches/2017/05/Bill-Gates-Munich-Security-Conference

Voici un extrait.

« Imaginez si je vous disais que quelque part dans ce monde, il y a une arme qui existe - ou qui pourrait émerger - capable de tuer des dizaines de milliers, voire des millions de personnes, de paralyser les économies et de jeter les nations dans le chaos.

Nous ne savons peut-être pas si cette arme est fabriquée par l'homme ou est un produit de la nature. Mais une chose dont nous pouvons être presque certains, c'est qu'une pandémie mondiale extrêmement meurtrière se produira au cours de nos vies ».

À cette prédiction, s'ajoute celle de « Event201 », l'exercice de simulation d'une épidémie planétaire, organisée le 18 octobre 2019 à New York par Johns Hopkins Center for Health Security, le World Economic Forum, et la Fondation Bill et Melinda Gates.

On s'est bien fait avoir les amis !

Tu m'as demandé Princesse, si c'était la même situation dans les autres pays ?

La réponse est dans la question...

Cette sinistre vision totalitaire n'est plus une théorie du complot, mais un développement qui a déjà durement touché la plupart de la population mondiale avec cette « plandémie » comme pierre angulaire. Nous devons imaginer un avenir alternatif qui valorise la souveraineté et notre liberté personnelle au-dessus des intérêts partisans.

Il est maintenant temps d'agir, avec une détermination réfléchie et sans violence.

14.

Oups, désolé nous nous sommes tompés.

Mensonge !

Vois-tu Princesse, au début de l'épidémie de la COVID-19, quiconque osait remettre en question la doctrine des gouvernements, des médias et autres réseaux sociaux, selon laquelle le SRAS-CoV-2, alias la COVID-19 a été fabriqué par l'homme, était pendu haut et court sur le Buchet des complotistes.

Mais au fil des mois, des organisations comme Children's Health Defence (CHD), US Right to Know et d'autres, commencèrent à poser des questions et demander des enquêtes.

Les mentalités évoluèrent suite à un éditorial du Washington Post suggérant que le virus aurait pu s'échapper d'un laboratoire.

Plus récemment, le Wall Street Journal est entré dans la controverse avec son article intitulé « La témérité des laboratoires chinois met le monde en danger ».

WSJ OPINION

English Edition ▾ | Print Edition | Video | Podcasts | Latest Headlines

China's Reckless Labs Put the World at Risk

Beijing is obsessed with viruses, but not biosafety. We are paying a high price for its lapses.

En février 2021, Fox News s'est attaqué à l'histoire des origines du COVID, non pas pour blâmer, a déclaré le journaliste Steve Hilton, mais pour s'assurer que « nous saurons tirer des leçons afin d'éviter la prochaine pandémie ».

Ce journaliste de Fox News, a fait le lien, de façon convaincante, pour la première fois sur une chaîne nationale, entre le Docteur Anthony Fauci et l'apparition de la COVID 19.

Ce journaliste demanda « Comment Fauci - malgré les protestations des dirigeants de la communauté scientifique l'avertissant qu'il jouait avec le feu - a financé une étude spécifique sur le « gain de fonction » dont on peut dire aujourd'hui qu'elle est très certainement à l'origine de la COVID-19.

Tu vas sans doute te demander ce qu'est un « gain de fonction », Princesse.

Un « Gain-of-function » (GoF) c'est l'euphémisme de la recherche biologique.

Et, là Princesse, tu me demandes si j'ai trouvé ça tout seul ?

Le job d'un cyber journaliste d'investigation n'est pas de rester planter devant son écran H 24, c'est aussi d'échanger avec des experts sur un sujet, autour d'un verre de bière.

Ainsi, ai-je appris, que la recherche de GoF financée par le gouvernement, a pour objectif d'améliorer la capacité des agents pathogènes à infecter différentes espèces, et à accroître leur impact mortel en tant que virus en suspension dans l'air.

La recherche du GoF est menée à des fins de bio défense. Inutile que je te dise, que ces recherches sont extrêmement dangereuses.

Ces agents pathogènes, améliorés par la science, sont mortels et ils peuvent s'échapper, infecter et tuer.

ALLIANCE FOR HUMAN RESEARCH PROTECTION

Advancing Voluntary, Informed Consent to Medical Intervention

News Medical Ethics Medical Atrocities Current Controversies Vaccines

What is Gain-of-Function Research & Who is at High Risk?

May 19, 2020

En 1992, Meryl Nass, MD, a analysé les caractéristiques d'une épidémie d'anthrax qui a eu lieu au Zimbabwe, en Rhodésie dans les années 1978-1980, et qui était considérée comme un phénomène naturel. Nass a démontré qu'en raison des conditions météorologiques et du schéma de l'épidémie, la propagation n'a pas pu se faire de façon naturelle. Elle a été utilisée comme une arme biologique. Ses analyses ont été publiées dans la revue *Physicians for Social Responsibility Quarterly*,

Vois-tu Princesse, les représentants du gouvernement et les bénéficiaires de subventions et de contrats gouvernementaux pour la recherche sur le « gain de fonction» soutiennent que ces expériences sont essentielles pour comprendre les changements subtils que peut subir un virus aviaire lors d'une pandémie.

Le fameux docteur Anthony Fauci, qui dirige l'Institut national des allergies et des maladies infectieuses (NIAID) depuis 1984, a joué un rôle majeur dans la promotion et le financement de la recherche sur les gains de fonctions, tant aux États-Unis qu'en Chine. Newsweek a rapporté : « Il a fait valoir que la recherche justifiait le risque qu'elle comportait, car elle permettait aux scientifiques de préparer ce qui pourrait être utile si une pandémie se produisait.»

Les expériences du GoF n'ont nullement empêché une pandémie, ni même fourni des informations utiles sur les différentes mutations du virus, bien au contraire...

De nombreux éminents scientifiques affirment que ces expériences sont difficilement justifiables au regard de la morale et que les agents pathogènes expérimentalement modifiés ont mis en danger toute l'espèce humaine.

Le journal *UK Independent* a rapporté : « Un nombre croissant de scientifiques en dehors du domaine de la grippe ont déclaré être préoccupés par les tentatives visant à augmenter délibérément la transmissibilité humaine du virus de la grippe aviaire H5N1 ».

Les scientifiques, qui sont attachés au principe de précaution en médecine, en recherche médicale et en politique de santé publique, évitent l'expérimentation du GoF. Ils citent l'interdiction du Code de Nuremberg de mener des expériences qui présentent un risque pour la vie humaine. De telles expériences « ne devraient être entreprises que si elles fournissent des avantages humanitaires qui compensent suffisamment les risques, et si ces avantages sont irréalisables par des moyens plus sûrs ».

Les risques posés par les expériences sur la grippe du GdF comprennent les évasions fréquentes et documentées d'agents pathogènes mortels dans la communauté, susceptibles de déclencher une pandémie. Or, ces risques l'emportent largement sur les avantages spéculatifs.

De plus, comme le soutiennent le Docteur Marc Lipsitch de Harvard et le Docteur Alison Galvani de Yale: « la création et la manipulation de virus pathogènes, potentiellement capables d'engendrer une pandémie, sont trop risquées pour être justifiées. Il existe des approches expérimentales plus sûres, plus efficaces, à la fois plus instructives sur le plan scientifique et plus simples, pour une amélioration de la santé publique ».

Le Docteur Marc Lipsitch, directeur du Center for Communicable Disease Dynamics à la Harvard School of Public Health, a déclaré que les récentes expériences d'amélioration de la maladie « nous ont apporté des connaissances scientifiques modestes et n'ont pratiquement rien fait pour améliorer notre préparation aux pandémies, et pourtant [ces expériences] risquaient de créer une pandémie accidentelle. »

Le risque considérable de transmissibilité améliorée en laboratoire des virus grippaux était évident. Le Dr Andrew Pavia, chef de la Division des maladies infectieuses pédiatriques à l'Université de l'Utah a déclaré : «Un virus H5N1 facilement transmis pourrait être extrêmement mortel; par conséquent, le risque de diffusion accidentelle est important et une utilisation abusive délibérée des données pour créer une arme biologique est possible ».

Adel AF Mahmoud, spécialiste des maladies infectieuses à l'Université de Princeton et ancien président de *Merck Vaccines* est cité dans Science: « La justification scientifique présentée pour faire ce travail est très fragile, pour ne pas dire légère, et les affirmations selon lesquelles ce travail pourrait être utile sont douteuses.... »

J'ai lu dans un éditorial du New York Times en 2012, surnommé l'expérience « An Engineered Doomsday », qu'aujourd'hui, des scientifiques financés par les *National Institutes of Health,* ont démontré comment un virus de la grippe aviaire pourrait tuer des dizaines, voire des centaines de millions de personnes s'il s'échappait d'un laboratoire ou s'il était volé par des terroristes.

Les armes biologiques sont des armes rêvées pour les djihadistes à cause de leur capacité à provoquer des perturbations importantes et des pertes de revenus considérables pour les gouvernements visés. Les armes biologiques sont des agents pathogènes mortels, bactéries, micro-organismes, virus ou toxines propagées délibérément comme armes de destruction massive. Ces organismes peuvent se transmettre par inhalation, contact, absorption : la multiplicité des méthodes pour les propager dans les espaces publics les rend encore plus redoutables.

Le nettoyage après une telle attaque va exiger un long et coûteux processus de décontanimation des personnes, des infrastructures et de l'environnement. On le voit avec ce qui se passe actuellement avec le coronavirus, les États sont mal équipés pour prendre des mesures draconiennes efficaces pour circonscrire l'épidémie. Il y a eu des informations selon lesquelles Daesh a expérimenté des agents pathogènes à partir de matière animale.

Mohammed ABRINI, l'un des logiticiens des attentats de Paris (V13 pour Vendredi 13, dans le jargon des renseignements) a été pris en possession de débris d'animaux (sac qui contenait des matières fécales animales et des testicules d'animaux).

Le professeur Lord May d'Oxford, ancien président de la *Royal Society* et ancien conseiller scientifique en chef du gouvernement britannique, a critiqué ouvertement cette ligne de recherche « Le travail qu'ils font est absolument fou. Le tout est extrêmement dangereux ».

Oui, Princesse il y a un danger, et il ne provient pas des virus présents dans les animaux, mais des laboratoires et de personnes extrêmement ambitieuses.

Il est à noter le piètre bilan de la Chine en matière de sécurité : « Le bilan de confinement dans des laboratoires comme celui de Wuhan n'est pas rassurant. Ils ont cependant décidé de créer une transmission interhumaine d'un virus très dangereux. C'est irresponsable ».

Le professeur Simon Wain-Hobson, PhD, éminent virologue à l'Institut Pasteur de Paris, critique ouvertement l'ingénierie virale et le risque que représente cette recherche. Dans une chronique de la revue Nature (2013), le Docteur Wain-Hobson a noté : « Les virologues de la grippe s'engagent dans une impasse et les pouvoirs en place les laissent aveuglément descendre dans cette allée ».

Il a dit qu'une partie ou la totalité de « ces hybrides pourraient circuler facilement entre humains et posséder certaines ou toutes les caractéristiques hautement mortelles de la grippe aviaire H5N1 ».

Le professeur Wain-Hobson a déclaré : « La base virologique de ce travail n'est pas solide. Il est inutile au développement des vaccins et les bénéfices en termes de surveillance des nouveaux virus de la grippe sont survendus. » Il a souligné dans Nature News le fait que ce virus chimérique « pousse remarquablement bien » dans les cellules humaines : « si le virus s'échappait, personne ne pourrait prédire sa trajectoire ».

En tant que journaliste d'investigation chevronné, Sam Husseini, directeur des communications de l'institut à but non lucratif, Institute for Public Accuracy, qui a suivi de près cette ligne de recherche, déclare qu'il existe probablement des centaines de laboratoires de biosécurité à haut confinement (BSL-3 et BSL-4).

En 2017, au moins 263 laboratoires étaient enregistrés aux États-Unis en tant que niveau BSL-3 et niveau BSL-4.

La COVID-19 dans tout ça ?

J'y viens Princesse. Mais je devais d'abord te dire que des apprentis faisant joujou avec leur pipettes n'est pas un fait nouveau.

En 2018, le Washington Post a fait état dans un article, de câbles urgents envoyés par l'ambassade américaine en Chine à nos dirigeants, mentionnant des opérations présentant de graves problèmes de sécurité au laboratoire de Wuhan.

L'un des câbles a spécifiquement averti que les travaux du laboratoire sur les coronavirus de chauve-souris et de transmission humaine potentielle représentaient un risque de nouvelle pandémie de type SRAS (cf. Fox News)

FOX NEWS 12:41 PM

U.S. Politics Media Opinion Business Entertainment Sports Lifestyle TV Fox Nation Lister

Hot Topics LIVE UPDATES: Senate's $1.9T COVID bill debate continues ahead of vote-a-rama

CHINA · Published April 14

State Department leaked cables renew theories on origin of coronavirus

By Barnini Chakraborty | Fox News

Le Docteur Fauci semble avoir ignoré ces câbles.

Et malgré les alarmes soulevées concernant la sécurité laxiste au laboratoire de Wuhan, le Docteur Fauci a accordé une subvention supplémentaire de 3,7 millions de dollars en 2019 pour « la recherche sur le gain de fonction dans le but de comprendre comment les coronavirus des chauves-souris pourraient muter pour attaquer les humains ».

Et pourquoi a-t-il donné l'argent des contribuables américains aux chinois ?

Bonne question Princesse.

Newsweek a rapporté que la phase de recherche sur les coronavirus et les chauves-souris au laboratoire de Wuhan en 2019 était dirigée par Peter Daszak, d'EcoHealth Alliance, une soi-disant organisation américaine à but non lucratif qui a reçu des millions de dollars sous l'administration Obama et Trump.

Sat, Mar 06, 2021

Newsweek

Dr. Fauci Backed Controversial Wuhan Lab with U.S. Dollars for Risky Coronavirus Research

BY **FRED GUTERL** ON 4/28/20 AT 2:57 PM EDT

Le 12 mai 2020, le Washington Post a rapporté qu'EcoHealth était un « partenaire de longue date » de l'Institut de virologie de Wuhan.

Compte tenu des câbles alarmistes de l'ambassade américaine mettant en garde contre les risques majeurs pour la sécurité du laboratoire de Wuhan, et à la lumière du refus du gouvernement chinois d'autoriser une enquête indépendante sur les origines de la pandémie mondiale, le Washington Post a reconnu que :

« Théoriquement, un accident au cours de telles activités pourrait provoquer une épidémie. Si les chercheurs, par exemple, avaient découvert le SRAS-CoV-2, le virus qui cause la covid-19, et cultivé le virus en laboratoire, il aurait pu infecter des humains à la suite d'un accident. »

Daszak, qui détient une participation de plusieurs millions de dollars dans la recherche sur les chauves-souris chinoises, a catégoriquement rejeté cette possibilité : « Je n'ai jamais rien entendu de suspect de ce laboratoire. C'est une idée absurde ».

Oui, mais voilà dans le livre « LE CHOC », les auteurs ont publié des photos copies de mails échangés entre Daszak et les virologues de Wuhan.

Un rapport du 20 mai 2020, de GM Watch se concentre sur la dangerosité des expériences de chauve-souris et de coronavirus au laboratoire de Wuhan.

Le Docteur Richard Ebright a alerté le public sur les preuves que l'Institut de Wuhan et des chercheurs basés aux États-Unis étaient en train de modifier génétiquement des virus de chauve-souris pour étudier leur capacité à infecter les humains.

Il a déclaré qu'ils ont expérimenté des méthodes couramment utilisées qui ne laissent aucun signe ou signature de manipulation humaine. Il a cité un article publié dans PLoS (2017) par des scientifiques de Wuhan, dont Shi Zhengli, la virologue à la tête de la recherche sur les coronavirus des chauves-souris, qui a travaillé en collaboration avec Peter Daszak, le tout financé par les institutions chinoises et américaines, y compris les National Institutes of Health et l'Agence américaine pour le développement international.

« Les chercheurs rapportent avoir mené des expériences d'infectivité virale où le matériel génétique est combiné à partir de différentes variétés de coronavirus liés au SRAS pour former de nouvelles versions « chimériques ». Cela faisait partie de leurs recherches sur les mutations nécessaires pour permettre à certains coronavirus de chauve-souris de se lier au récepteur ACE2 humain - une étape clé dans l'infectivité humaine du SRAS-CoV-2.

Les scientifiques de l'Institut de Virologie de Wuhan l'ont fait, souligne Ebright en utilisant des procédures de« ligature transparente qui ne laissent aucune signature de manipulation humaine».

Les preuves réfutent les affirmations des journalistes et de certains scientifiques selon lesquelles le virus SRAS-CoV-2 responsable de la pandémie actuelle de COVID-19 n'aurait pas pu être génétiquement modifié car il ne possède pas les « signes » ou « signatures » qui seraient supposés être laissés par la génétique techniques d'ingénierie. »

Le Docteur Ebright a cité un rapport récemment publié par les scientifiques de Wuhan qui décrit comment ils ont « enrichi les protéines du CoV lié au SRAS de chauve-souris (SARSr-CoV), entre autres coronavirus, pour se lier aux récepteurs ACE2 de la chauve-souris et de l'homme - en d'autres termes, avec quelle efficacité ils infectent les humains ».

L'article stipule que : « Tous les travaux avec le virus infectieux ont été effectués dans des conditions de niveau de biosécurité 2 » , ce qui ne convient pas pour une expérimentation à haut risque.

Le Docteur Jonathan Latham, virologue, est directeur exécutif du Bioscience Resource Project, qui mène une analyse scientifique indépendante du génie génétique et de ses risques. Il est rédacteur en chef de Independent Science News.

Il a critiqué les recherches sur les coronavirus des chauves-souris qui ont eu lieu à Wuhan et aux États-Unis.

Il fait valoir que ces expériences « facilitent les contaminations et les fuites de laboratoire, ce qui se produit hélas fréquemment ».

GM Watch rajoute : « Étant donné que les accidents de laboratoire sont courants, y compris en Chine où le virus du SRAS s'est échappé à plusieurs reprises d'installations de confinement de haut niveau, les détails émergeant sur les activités de recherche du WIV et des scientifiques américains soulignent à nouveau la nécessité d'une enquête indépendante de type médico-légal, sur les origines de la pandémie actuelle. Et une enquête plus large est également nécessaire sur la gamme complète des menaces biologiques découlant de divers domaines de recherche biotechnologique potentiellement dangereux et peu réglementés. »

Le Docteur Fauci, chef du NIAID depuis 1984, porte la grave responsabilité d'avoir ignoré une série continue de rapports argumentés qui mettaient tous en garde contre l'imminence de pandémies catastrophiques, directement causées par des expériences d'agents pathogènes potentiellement mortels et certainement échappés des laboratoires de Wuhan.

Si nous voulons préserver notre existence sur cette planète, les gouvernements doivent cesser de financer et de promouvoir des expériences dont le but est d'augmenter la virulence et la capacité létale des agents pathogènes biologiques et des virus.

Qu'en penses-tu Princesse ?

Ce que j'en pense ?

Je vais essayer d'être politiquement correct, Petit Jedi.

Dans la zone de confort, les cloches d'alarme sont souvent interprétées comme rien de plus qu'une musique dissonante.

En fait j'adore, ton analyse.

Elle tient en une seule question que se posent de plus en plus de médias américains : « La COVID-19 est-elle le résultat d'une expérience financée par le gouvernement américain en Chine ? »

ALLIANCE FOR HUMAN RESEARCH PROTECTION

Advancing Voluntary, Informed Consent to Medical Intervention

Is COVID-19 the Result of a US Government- Funded Experiment in China?

May 16, 2020

Cela me rappelle, Petit Jedi, les films des années 80 qui montrent la CIA trébuchant et bégayant comme M. Magoo. Oups, nous venons de renverser un président sud-américain, démocratiquement élu. Désolé, nous nous sommes trompés. Oups, il n'y avait pas d'armes de destruction massive en Irak, désolé d'avoir tué des millions de musulmans ... nous nous sommes trompés. Staline battait son chien. Oups, désolé... il a aussi assassiné des millions de personnes.

On nous ment, Princesse, depuis le début.

On nous raconte que le virus est chinois, mais des chercheurs de la société américaine EcoHealth, financé par le gouvernement américain, ainsi que l'université de Caroline du Nord Chapel Hill collabore avec l'institut de virologie de Wuhan.

Le docteur Shi Zhengli, virologue, surnommée la « femme chauve-souris » à l'institut et le professeur émérite Ralph S. Baric, de l'université de Chapel Hill ont co-publié un article sur la circulation du virus SARS entre une chauve-souris et un homme, en 2015 !

En 2015 ? s'étonne Cassie.

nature medicine

Explore Content ⌄ Journal Information ⌄ Publish With Us ⌄

Published: 09 November 2015

A SARS-like cluster of circulating bat coronaviruses shows potential for human emergence

Vineet D Menachery, Boyd L Yount Jr, Kari Debbink, Sudhakar Agnihothram, Lisa E Gralinski, Jessica A Plante, Rachel L Graham, Trevor Scobey, Xing-Yi Ge, Eric F Donaldson, Scott H Randell, Antonio Lanzavecchia, Wayne A Marasco, Zhengli-Li Shi & Ralph S Baric

En oui Princesse, les apprentis sorciers s'amusaient déjà à cette époque. Et ils étaient tellement fiers de leurs travaux, qu'ils les ont publiés. Ils sont même en photos ensemble.

Mais l'histoire, ne s'arrête pas là.

To: Baric, Ralph S[rbaric@email.unc.edu]
From: zlshi[zlshi@wh.iov.cn]
Sent: Thur 2/13/2020 3:26:25 AM (UTC-05:00)
Subject: virus name
A unique and unified name is needed for the novel coronavirus from Wuhan_SJ_clean.docx

Dear Ralph,

We heard that the 2019-nCoV was renamed as SARS-CoV-2. We had a fierce discussion among Chinese virologists. We have some comments on this name, I'm wondering if the CoV study group would consider a revision.

I attached the comments from me na dmy Chinese colleague.

Best regards,
Zhengli,

SHI Zhengli, Ph. D
Senior Scientist & Professor
Wuhan Institute of Virology, Chinese Academy of Sciences
44 Xiao Hong Shan
430071 Wuhan, Hubei
China
Tel & Fax:
Email: zlshi@wh.iov.cn

Le 7 janvier 2020, le gouvernement chinois informe qu'il s'agit d'un nouveau type de coronavirus. Le 13 février 2020, le docteur Shi Zhengli de Wuhan, envoie un mail à Ralph S. Baric, dont voici le texte (cf. ci-dessus en copie)

« Nous avons entendu dire que le 2019-nCoV a été renommé SARS-CoV-2. Nous avons eu une discussion houleuse entre virologues chinois. Nous avons quelques commentaires sur ce nom, je me demande si le groupe d'étude CoV envisagerait une révision. J'ai joint les commentaires de mon collègue chinois ».

Je ne comprends pas, ce n'est pas le bon nom du virus ?, demande Cassie.

En un mot, l'institut de Virologie de Wuhan, plus précisement le gouvernement chinois n'était pas « satisfait » du nom de SARS-CoV2. C'était leur « bébé », normal qu'il rejette le nom proposé par la communauté internationale, rétorque ironiquement Cassie.

Les « parents » du bébé né à l'institut de virologie de Wuhan, avec l'aide des américains proposèrent plusieurs noms (dans le fichier attaché au mail) : « Coronavirus respiratoire aigu transmissible (TARS-CoV), « le coronavirus respiratoire aigu humain (HARS-CoV) ».

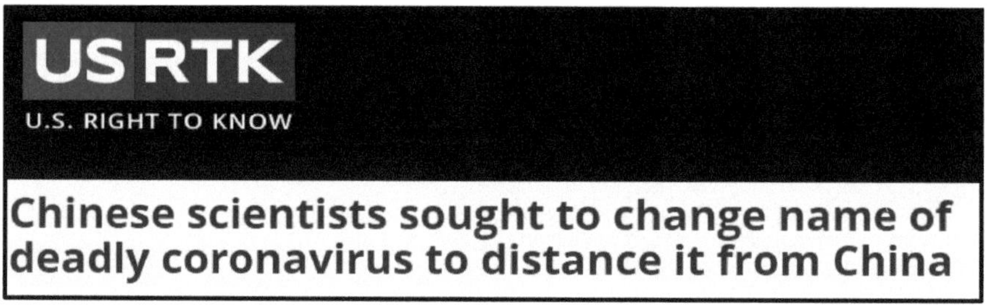
US RTK
U.S. RIGHT TO KNOW

Chinese scientists sought to change name of deadly coronavirus to distance it from China

Même la société de médias d'État chinoise CGTN proposa de renommer le SARS-CoV-2 en coronavirus humain 2019 (HCoV-19).

Mais pourquoi vouloir changer le nom ? demande Cassie

Nommer un virus à l'origine d'une épidémie, Princesse, est un « exercice politique », sous responsabilité de l'Organisation Mondiale de la Santé (OMS).

Elle a tranché, ce sera un acronyme tiré de l'anglais : le « CO » se réfère au coronavirus, le « VI » à un virus, tandis que le « D » signifie « disease », que l'on traduit en français par le terme de maladie. Le « 19 », enfin, correspond à l'année de sa découverte, 2019. Qui ne veut rien dire sur la dangerosité du virus, je te l'accorde.

Mais pourquoi ne pas avoir choisi le nom de SARS-CoV-2 ? insiste Cassie.

Ma chère Princesse, les Chinois et les Américains ont publié différents articles sur le SARS de Wuhan.

Le nommer ainsi, pour le grand public serait reconnaître aux yeux du monde leur culpabilité. Ces deux pays ont usé de leur influence, avec l'aide d'un philanthrope qui verse des milliards de dollars à l'OMS pour que le nom ne soit pas celui de SARS-CoV-2.

Alors tout est mensonge ! Lance Cassie.

L'origine du virus, les vaccins, et j'en passe.

Princesse, ça a l'odeur et la couleur de la première guerre mondiale bactériologique, ou du moins un coup d'essai.

15.

Les preuves menacent ceux qui se sont investis par le mensonge.

Good Job les comiques !

C'est par ces paroles que Douglas Peterson, accueille Cassie et Kevin, à 14h pétante dans son bureau.

—Nous avons juste écrit ce que nous ne devrons jamais oublier, répond Cassie.

—Vous n'avez pas peur chef, des conséquences si on publie tout ça, rétorque Kevin ?

Après quelques instants de silence, Douglas répond.

—Nous sommes en régime adémocratique sanitariste totalitaire, le totalitarisme étant un régime qui régit tout, partout et tout le temps, un panoptique absolu, contrôlant et surveillant la vie privée comme la vie publique et qui sera encore plus instrusif et totalitaire lorsque l'identité numérique sera totalement mise en place et accomplie à tous les niveaux. Et beaucoup y souscrivent pensant que c'est transitoire et nécessaire. Vive le passeport vaccinal, alors vite commandons une bière, après il faudra montrer patte blanche !

Le plan a été bien préparé. Avez-vous entendu parler les comiques de cette expérience radiophonique diffusant de fausses nouvelles d'invasion extraterrestre dans le New Jersey ?

— Tu as entendu parler de çà ?

—Oui c'était avant E.T, une adaptation du livre de H.G.Wells sur « La guerre des mondes ». Les gens y ont cru et les salles de rédaction des journaux ainsi que les bureaux de police ont été saturés d'appels.

Douglas poursuit.

—Et bien les sociologues travaillant pour l'armée se sont souvenus des effets que provoquait la panique sur la population et ont décidé de l'utiliser. Ils ont noté le comportement d'un échantillon de personnes, face au vaccin contre la COVID-19 en se basant sur leur capacité de thésaurisation. Associant la COVID à la fin du monde, ces gens se sont précipités dans les magasins pour dévaliser les rayons de pâtes alimentaires et de papier toilette. Ils en conclurent que ceux qui vidaient de manière erratique ces rayons, seraient susceptibles de se précipiter sur des vaccins encore en phase de test, sans enquêter sur leur composition ni réfléchir aux conséquences.

—Exact, je n'avais plus de pâtes !

—Ben tu as fait comment, rétorque Cassie

—Ben j'ai mangé des pizzas !

—Exact, et cela se voit ! On peut poursuivre où on attend le dessert, répond Douglas.

Un fossé de plus en plus profond se creuse, entre ceux qui se précipitent pour recevoir leurs injections et ceux qui pensent fermement que le programme est extrêmement dangereux et s'inscrit dans une dynamique de contrôle du « certificat d'identification du vaccin ».

—Oui mais vous n'avez pas oublié la définition du vaccin ? demande Cassie avant de poursuivre. Le CDC, Centre for Disease Control le définit comme un produit qui stimule le système immunitaire d'une personne à générer une immunité contre une maladie spécifique. L'immunité est la protection contre une maladie infectieuse. Si vous êtes immunisé contre une maladie, vous pouvez y être exposé sans être infecté. Et le docteur Steven Hotze de Houston, Texas, précise que ce soi-disant vaccin n'en est pas un, c'est une thérapie génique expérimentale dangereuse, qui ne confère pas d'immunité contre la COVID et n'empêche pas non plus la propagation de la maladie.

C'est pourquoi c'est une pratique commerciale trompeuse.

—Pourquoi trompeuse, demande Cassie.

—Le pire est encore à venir, l'interrompt Douglas. Le mal ne se cache plus dans l'ombre, il est mis à nu sur les écrans de télévision et dans les journaux à la vue de tous. Le docteur Fauci et Bill Gates apparaissent comme les grands méchants des contes de Grimm, des personnages conçus pour tester la stupidité ou la maturité de tout un chacun. Le péché est synonyme de stupidité.

Le jugement mondial va évaluer qui est prêt ou n'est pas prêt à intégrer la lumière. C'est le moyen biochimique de transmettre des informations ou des connaissances. La LUCIFERASE.

—C'est quoi ce truc ? lance Kevin.

—Ce truc comme tu dis est un Enzyme qui permettra à des savants fous, genre docteur Folamour, de contrôler le monde.

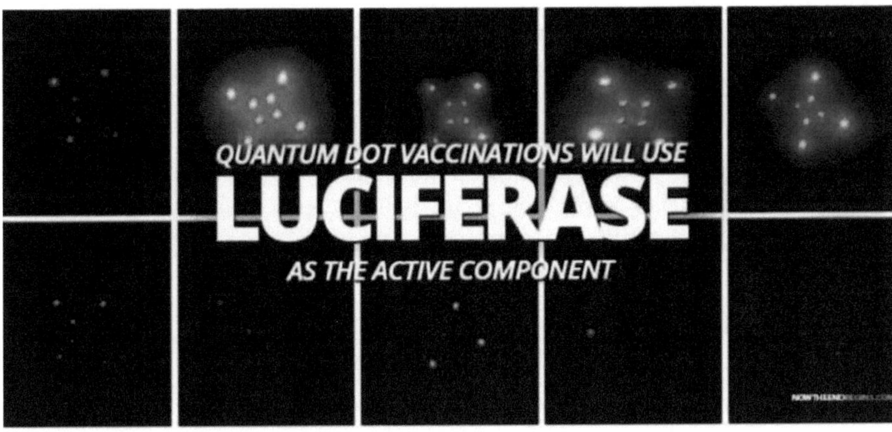

Bill Gates Vaccine Ingredient Says it All : An Enzyme Called LUCIFERASE is What Makes Bill Gates Implantable Vaccine Work — VACCINE ID

—Mais on est en plein délire rétorque Cassie.

—Et ceux qui seront contre la vaccinantion de masse seront chatiés, comme le président de la Tanzanie, John Pombe Magufuli, répond Douglas.

—Comment ça chatié ?

— Il était l'un des rares dirigeants mondiaux à avoir refusé de confiner son pays, la distanciation sociale ainsi que le port du masque. *The Guardian* a publié un article dont le titre était « Il est temps pour l'Afrique de freiner le président tanzanien anti-vaccin ». Et il est décédé subitement d'une maladie cardiaque à l'âge de 61 ans...

—Comme par hasard ! Pourquoi *The Guardian* ?

—Bonne question, Cassie, tu peux revenir en deuxième semaine. Pourquoi *The Guardian* ? Parce qu'il reçoit un max de dons de la fondation Bill et Melinda Gates et que l'Afrique est le terrain de multiples expérimentations de laboratoires pharmaceutiques où la fondation a investi !

—Le fric, le pouvoir, la peur ! Il y a des preuves chef ?

—Les preuves ce sera au dessert. Mais poursuivons avec le fameux docteur Fauci. Rappelez-vous le sénateur Rand Paul s'adressant au docteur Fauci lors d'une audition sur les masques et l'immunité. Il a cité une recherche britannique de David Wiley qui n'a trouvé aucune réinfection symptomatique après avoir suivi 2800 patients pendant plusieurs mois. « il n'y a eu aucun rapport de réinfections importantes après l'infection naturelle de la COVID-19 »

N'oublions pas également Shake Crotty de l'institut La Jolla « la quantité de mémoire immunitaire acquise grâce à une infection naturelle empêcherait probablement la grande majorité des gens d'être hospitalisés et malades pendant de nombreuses années ».

Il a été suggéré au docteur Fauci que, étant donné qu'aucune étude scientifique n'avait montré une réinfection significative de personnes qui avaient été précédemment infectées ou vaccinées, son mandat sur les masques jusqu'en 2022 était du « pur théâtre ».

La réponse de Fauci fut « nous n'avons pas encore les variants » Ce qui suggérerait que toute sa politique était basée sur des conjectures et des propos alarmistes pour créer la peur.

Ceux qui pensent que la situation actuelle est provisoire se trompent, hélas, car on n'a jamais vu un régime supprimer de telles libertés pour les restituer par l'entremise de la sagesse et de l'examen de conscience, les historiens le savent mieux que quiconque, les libertés confisquées ne se récupèrent que par la force et le combat.

Pour vaincre ce régime il faut de la force, de la puissance, de la conviction et l'adhésion collective minimale à une volonté de changement, une prise de conscience massive qui débouche sur une action collective impossible à contrer, c'est le point de bascule.

—Et notre journal va faire éclater la vérité, rétorque Cassie.

—Exact ! Mais pour cela il faut quitter la peur, car c'est elle et elle seule qui est le moteur de cette machine infernale dont se sont emparés les autorités, toutes les autorités. La gouvernance par la peur doit cesser, la peur est le piège ultime dans lequel nous sommes tous tombés, peu ou prou.

Et comme, apparemment vous aimez bien la série de films sur la guerre des étoiles, rappelez-vous cette réplique de maître Yoda, dans « La menace fantôme » : *La peur mène à la colère, la colère mène à la haine, la haine mène à la souffrance, c'est le chemin qui mène vers le côté obscur.*

—Waouh chef ! Vous n'avez pas peur non plus d'un procès ? lance Cassie.

— Toute personne physique « qui révèle ou signale, de manière désintéressée et de bonne foi, [...] une violation grave et manifeste [...] de la loi ou du règlement, ou une menace ou un préjudice grave pour l'intérêt général, dont elle a eu personnellement connaissance, ne peut être sanctionnée ».

—Vive le Nouveau Monde, lance Kevin.

—À mes yeux, le nouveau monde est encore derrière le voile du destin, mais son aube sera révélée grâce à notre journal, répond Douglas. Nous sommes arrivés au dessert, les comiques. Il est temps que je vous apporte les preuves que cette pandémie et ses conséquences font partie d'un plan bien orchestré. Qu'avez-vous découvert sur la société AstraZeneca ?

—La vaccination avec AstraZeneca a repris dans plusieurs pays après le feu vert de l'Agence européenne du médicament et de la HAS en France. Pas au Danemark qui annonce suspendre le vaccin 3 semaines de plus. Oxford-AstraZeneca : un vaccin contaminé par Bill Gates a titré le journal francais l'Humanité.

—OK, et qu’avez-vous appris sur le vaccin de Moderna en dehors des problèmes de dates ?

—Le site Web de Moderna désigne ses formules comme des « systèmes d’exploitation ». Le site Web déclare: « Reconnaissant le vaste potentiel de la science de l'ARNm, nous avons entrepris de créer une plate-forme technologique d'ARNm qui fonctionne très bien, comme un système d'exploitation sur un ordinateur. Il est conçu pour pouvoir jouer de manière interchangeable avec différents programmes. Dans notre cas, le « programme » ou « application » est notre médicament ARNm, répond Kevin.

—Moderna a annoncé avoir administré ses premières doses de vaccin COVID-19 à des enfants de moins de 12 ans, y compris des bébés d’à peine 6 mois. L'étude devrait recruter 6 750 enfants en bonne santé aux États-Unis et au Canada, a rapporté le *New York Post*. Moderna a déclaré que dans son prochain essai combiné de phase 2 et de phase 3, chaque enfant recevrait deux injections à 28 jours d'intervalle.

—Exact Cassie. Donc, le vaccin de Moderna est plus fiable que celui de AstraZeneca puisque la société a entamé la vaccination d’enfants !

—C’est évident !

—Moderna et AstraZeneca, c’est Bonnet Blanc et Blanc Bonnet.

—Comment çà ? demande Kevin

—Moderna a été fondée en 2010 sous le nom de *ModeRNA Therapeutics* pour se concentrer sur la thérapie génique expérimentale utilisant de l'ARNm synthétique pour le traitement de diverses maladies. Le 9 novembre 2018, elle a déposé un dossier de candidature auprès de « U.S. Securities and Exchange Commission », communément appelée la Securities and Exchange Commission, souvent abrégée en « la SEC ». C'est l'organisme fédéral américain de réglementation et de contrôle des marchés financiers. C'est en quelque sorte le « gendarme de la Bourse » américain.

As filed with the Securities and Exchange Commission on November 9, 2018.

Registration N

UNITED STATES
SECURITIES AND EXCHANGE COMMISSION
Washington, D.C. 20549

FORM S-1
REGISTRATION STATEMENT
Under
The Securities Act of 1933

MODERNA, INC.
(Exact name of registrant as specified in its charter)

Delaware	**2836**	**81-3467528**
(State or other jurisdiction of incorporation or organization)	**(Primary Standard Industrial Classification Code Number)**	**(I.R.S. Employer Identification Number)**

200 Technology Square
Cambridge, MA 02139
(617) 714-6500
(Address, including zip code, and telephone number, including area code, of registrant's principal executive offices)

Stéphane Bancel
Chief Executive Officer
200 Technology Square
Cambridge, MA 02139
(617) 714-6500
(Name, address, including zip code, and telephone number, including area code, of agent for service)

—Ben, elle avait le droit de le faire ! rétorque Kevin

—Naturellement qu'elle pouvait le faire. La SEC émit des risques concernant la technologie ARNm. « Moderna n'a jamais développé avec succès un produit pour le traitement d'une maladie quelconque avant cela », a déclaré le Docteur Hotze. « Une thérapie génique expérimentale utilisant de l'ARNm synthétique pour traiter une maladie infectieuse n'a jamais été tentée chez l'homme, en raison de son échec lors d'études antérieures sur les animaux». La thérapie génique expérimentale à l'acide ribonucléique messager synthétique (ARNm) a déjà provoqué des hyper-réactions du système immunitaire pendant les tests sur les animaux.

—Peut être, mais le vaccin de Moderna n'a pas été rejetté comme celui de AstraZeneca, rétorque Cassie.

—C'est vrai, mais il y a eu de nombreux décès et effets secondaires graves signalés dans le VAERS, répond Kervin.

—Bonnet Blanc et Blanc Bonnet ! Il est noté dans le dossier présenté à la SEC que AstraZeneca, est partenaire stratégique de Moderna !

—C'est pas possible ! lance Cassie

—Il est également noté que Moderna a signé une alliance stratégique avec AstraZeneca, Merck, et la DARPA (La Defense Advanced Research Projects Agency) est une agence du département de la Défense des États-Unis chargée de la recherche et développement des nouvelles technologies destinées à un usage militaire).

THIRD-PARTY STRATEGIC ALLIANCES

Strategic alliances

To accelerate the discovery and advancement of potential mRNA medicines across therapeutic areas, we have entered into, and intend to seek other opportunities to form, alliances with a diverse group of strategic collaborators. As of October 31, 2018, we have forged productive strategic alliances with pharmaceutical and biotechnology companies, government agencies, academic laboratories, foundations and research institutes with therapeutic area expertise and resources in an effort to advance our discovery and development programs, while leveraging our platform and our Research and Early Development Engines.

One key principle of our approach to strategic alliances is to share the rewards and risks of developing a new mRNA modality, where we may have early research data and desire a strategic collaborator to join us in advancing early development candidates within such modality into the clinic. Representative relationships and associated programs include the following:

- AstraZeneca for the localized regenerative therapeutics modality, such as the VEGF-A (AZD8601) program currently in Phase 2;
- AstraZeneca for the intratumoral immuno-oncology modality, such as the IL12 program (MEDI1191);
- AstraZeneca for the systemic secreted therapeutics modality, such as the Relaxin program (AZD7970);
- Merck for the prophylactic vaccines modality, such as the RSV vaccine program (mRNA-1777) currently being prepared for a Phase 2;
- Merck for the cancer vaccines modality, such as the personalized cancer vaccine program (mRNA-4157) currently in Phase 1 using a workflow that enables a rapid turnaround time to bring personalized vaccines to patients, and the KRAS vaccine program (mRNA-5671);
- DARPA for the systemic secreted therapeutics modality, such as the antibody against Chikungunya virus program (mRNA-1944) currently in Phase 1; and
- Vertex for the lung delivery modality, such as the CF/CFTR program currently in research.

Et puis plus loin :

« *ALLIANCES STRATÉGIQUES TIERCES*

Afin d'accélérer la découverte et l'avancement de médicaments potentiels à ARNm dans tous les domaines thérapeutiques, nous avons conclu et avons l'intention de chercher d'autres occasions de former des alliances avec un groupe diversifié de collaborateurs stratégiques. Depuis le 31 octobre 2018, nous avons noué des alliances stratégiques productives avec des sociétés pharmaceutiques et biotechnologiques, des organismes gouvernementaux, des laboratoires universitaires, des fondations et des instituts de recherche ayant une expertise et des ressources thérapeutiques dans le but de faire progresser nos programmes de découverte et de développement, tout en tirant parti de notre plateforme et de nos moteurs de recherche et développement précoce.

L'un des principaux principes de notre approche des alliances stratégiques est de partager les avantages et les risques liés au développement d'une nouvelle modalité d'ARNm, où nous pouvons avoir des données de recherche précoces et désirer qu'un collaborateur stratégique se joigne à nous pour faire progresser les candidats au développement précoce au sein de cette modalité dans la clinique. Les relations représentatives et les programmes connexes comprennent les éléments suivants :

. AstraZeneca pour la modalité thérapeutique régénérative localisée, comme le programme VEGF-A (AZD8601) actuellement en phase 2;

. AstraZeneca pour la modalité intratumorale d'immuno-oncologie, comme le programme IL12 (MEDI1191);

. AstraZeneca pour la modalité thérapeutique sécrété systémique, comme le programme Relaxin (AZD7970). »

—C'est dingue ! L'alliance des laboratoires ! Tu crois te faire injecter un vaccin de Moderna et tu apprends que AstraZeneca a participé à sa conception !

—Je ne sais pas s'ils ont collaboré pour le vaccin anti COVID-19, puisque le document présenté à la SEC date de novembre 2018, mais ils s'aiment beaucoup… Tu as oublié les militaires chargés de la recherche et du développement des nouvelles technologies destinées à un usage militaire !

—Et devinez qui est également partenaire stratégique de Moderna après avoir versé des millions de dollars à AstraZeneca ?

—Bill Gates ?

—Bingo, Cassie !

Biomedical Advanced Research and Development Authority (BARDA)

In September 2016, we received an award of up to approximately $125 million under Agreement No. HHSO100201600029C from BARDA, a component of the Office of the Assistant Secretary for Preparedness and Response, or ASPR, within the U.S. Department of Health and Human Services, or HHS, to help fund our Zika vaccine program. Under the terms of the agreement with BARDA, an initial base award of approximately $8 million supported toxicology studies, a Phase 1 clinical trial, and associated manufacturing activities. Additionally, four contract options were awarded under the agreement with BARDA. Three out of four of these options have been exercised, bringing the total current award to approximately $117 million to support an additional Phase 1 study of an improved Zika vaccine candidate, Phase 2 and Phase 3 clinical studies, as well as large-scale manufacturing for the Zika vaccine.

The Bill & Melinda Gates Foundation

In January 2016, we entered a global health project framework agreement with the Bill & Melinda Gates Foundation to advance mRNA-based development projects for various infectious diseases. The Bill & Melinda Gates Foundation has committed up to $20.0 million in grant funding to support our initial project related to the evaluation of antibody combinations in a preclinical setting as well as the conduct of a first-in-human Phase 1 clinical trial of a potential mRNA medicine to help prevent human immunodeficiency virus, or HIV, infections. Follow-on projects which could bring total potential funding under the framework agreement up to $100.0 million (including the HIV antibody project) to support the development of additional mRNA-based projects for various infectious diseases can be proposed and approved until the sixth anniversary of the framework agreement, subject to the terms of the framework agreement, including our obligation to grant to the Bill & Melinda Gates Foundation certain non-exclusive licenses.

268

Il est écrit sur le document remis à la SEC « *En janvier 2016, nous avons conclu un accord-cadre de projet de santé mondiale avec la Fondation Bill & Melinda Gates pour faire avancer des projets de développement basés sur l'ARNm pour diverses maladies infectieuses. La Fondation Bill & Melinda Gates s'est engagée à accorder jusqu'à 20 millions de dollars en subventions pour appuyer notre projet initial lié à l'évaluation des combinaisons d'anticorps dans un contexte préclinique ainsi qu'à la conduite d'un premier essai clinique de phase 1 chez l'homme d'un médicament potentiel contre l'ARNm pour aider à prévenir le virus de l'immunodéficience humaine, ou VIH.*

Des projets de suivi qui pourraient porter le financement potentiel total dans le cadre de l'accord-cadre à 100 millions de dollars (y compris le projet d'anticorps anti-VIH) pour soutenir le développement de projets supplémentaires basés sur l'ARNm pour diverses maladies infectieuses peuvent être proposés et approuvés jusqu'au sixième anniversaire de l'accord-cadre, sous réserve des termes de l'accord-cadre, y compris notre obligation d'accorder à la Fondation Bill & Melinda Gates certaines licences non exclusives ».

Preuves

https://www.sec.gov/Archives/edgar/data/1682852/000119312518323562/d577473ds1.htm

—Résumons, lance Kevin. Moderna a été fondée en 2010. En novembre 2018 elle dépose un dossier pour une cotation à Wall Street. La SEC, le gendarme de la bourse américain émet des doutes sur les risques encourus par l'utilisation de la technologie ARNm jamais testée sur l'homme. Dans le dossier déposé, apparaissent les noms de AstraZeneca, Merck, la DARPA et Bill Gates qui a investi 10 millions de dollars dans Moderna et s'engage pour 100 millions de dollars. Le 28 mars 2019, elle dépose le brevet « HPIV3 RNA », modifié sur un vaccin traitant des problèmes respiratoires liés au coronavirus, 8 mois et 14 jours avant que le gouvernement chinois n'informe le bureau de l'OMS en Chine, le 31 décembre 2019, qu'un cas de pneumonie inconnue a été détecté à Wuhan.

Sur le site internet de Moderna, il est écrit que le « 11 janvier 2020, les autorités chinoises ont partagé la séquence génétique du nouveau coronavirus ». Le 22 avril 2020, le secrétaire d'État Mike Pompeo a déclaré que le Parti Communiste Chinois (PCC) « a censuré ceux qui essayaient d'avertir le monde, il a ordonné l'arrêt des tests de nouveaux échantillons et a détruit ceux existants. Le PCC n'a toujours pas partagé l'échantillon de virus avec le monde extérieur, ce qui rend impossible le suivi d'évolution de la maladie ».

—Pas mal, pas mal Petit Jedi, mais tu ne résumes qu'une partie de l'histoire. Le NIAID, National Institute of Allergy and Infectious Diseases, (Institut national des allergies et des maladies infectieuses) a obligé le Pentagone à acheter 500 000 000 doses de vaccin COVID de Moderna pour 9 milliards de dollars

—Et le directeur du NIAID est ? lance Douglas

—Bingo ! Le docteur Anthony Fauci est directeur du NIAID. Il détient les brevets sur le vaccin Moderna. Six de ses employés reçoivent également des royalties annuelles de 150 000 dollars, en remboursements de frais, pour leur travail sur le vaccin. Les défenseurs de la santé publique et les scientifiques ont critiqué la décision du docteur Fauci autorisant l'abstention des essais sur les animaux, afin d'accélérer la mise sur le marché du vaccin.

Researchers fast-track coronavirus vaccine by skipping key animal testing first

By Nicoletta Lanese - Staff Writer March 13, 2020

Animal tests normally constitute a critical step in vaccine development.

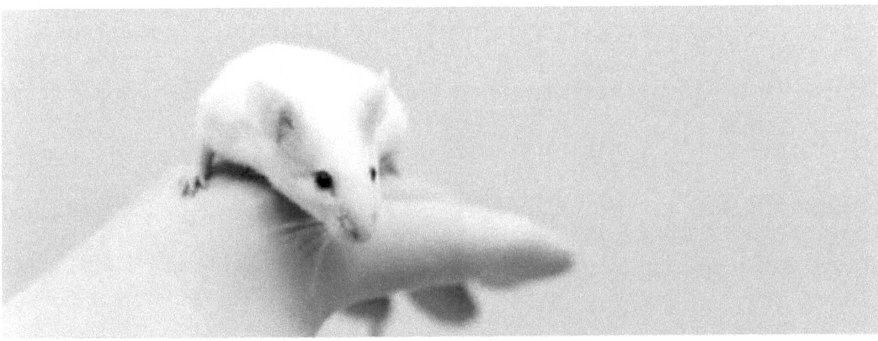

—Ainsi, les humains ont remplacé les souris ! Il a publiquement annoncé qu'il était « encouragé » par les essais cliniques catastrophiques de la phase 1 de Moderna, et cela en dépit du fait que certains groupes de volontaires en parfaite santé aient eu des réactions graves de niveau 3, c'est-à-dire nécessitant une hospitalisation. Les premiers résultats des essais de phase 3 sont également troublants.

À la suite de ces mauvaises nouvelles, l'action de Moderna a chuté à Wall Street. Stéphane Bancel, l'homme d'affaires et milliardaire français, président-directeur général et propriétaire de 9 % de Moderna Therapeutics, et quatre autres dirigeants ont immédiatement injecté plus de 89 millions de dollars en actions pour stopper la spirale de la mort de la société.

Cela peut également expliquer pourquoi Anthony Fauci a organisé une subvention de 483 millions de dollars à Moderna de la part d'une agence sœur du NIH, BARDA, bien que Moderna n'ait jamais mis un produit de ce genre sur le marché ou obtenu son approbation.

L'ancien président de Moderna, Moncef Slaoui, est le directeur de la plus vaste opération de vaccination aux Etats-Unis : l'opération Warp Speed.

—Le fric, les comiques ! Juste une histoire de fric. Et n'oubliez jamais, celui qui crée le poison, crée l'antidote. Mais au fait, il a été créé quand ce virus ?

—Moi je sais Chef ! Le 17 novembre 2019. Le premier cas de Covid-19, un nouveau coronavirus proche du SARS, est signalé en Chine, à Wuhan, capitale du Hubei, dans le centre de la Chine, selon le « South China Morning Post ». Le 8 décembre 2019, plusieurs dizaines d'autres cas apparaissent. Et le 31 décembre de cette même année, l'OMS signale des cas de pneumonie atypique du SARS, nommée par la suite COVID-19.

—Une pneumonie atypique proche du SARS détectée en 2019 ! Elle est bien bonne ! Pouvez m'expliquer pourquoi la Chine a fermé en avril 2003, toutes les écoles à Pékin pendant deux semaines, suite à une épidémie du SARS !

The New York Times

THE SARS EPIDEMIC: BEIJING

THE SARS EPIDEMIC: BEIJING; Chinese Capital Closes Schools for at Least Two Weeks

By Erik Eckholm

April 23, 2003

With a terse announcement in this morning's newspapers, the city of Beijing closed all its primary and secondary schools until May 7 at least, and said the 1.7 million affected students should study at home, using a newly improvised online educational service.

The suspension of classes was the strongest action yet against the new respiratory disease by a city that only days ago admitted it had concealed a spreading epidemic and is now struggling to

—Et dans le même ordre d'idée, pouvez-vous m'éclairer sur le document de l'OMS publié en 2003 sur l'épidémie SARS, ainsi que sur les leçons à en tirer ?

World Health Organization

Health Topics ⌄ Countries ⌄ News

Emergencies preparedness, response

Un mois d'épidémie mondiale de SRAS: Situation de l'épidémie et leçons à tirer pour l'avenir immédiat

Mise à jour 11 avril 2003

Un mois après avoir déclaré que le SRAS était une menace mondiale pour la santé, le Dr David L. Heymann, Directeur Exécutif des programmes sur les maladies transmissibles à l'OMS, présente un panorama de la situation de l'épidémie – ce qui est connu sur cette maladie émergente et sur le virus unique qui la cause et comment l'épidémie évolue dans les « points chauds » du monde. Il expose une chronologie des événements-clés et explique une partie des mesures qui ont été prises pour enrayer sa diffusion. Il explique également pourquoi le SARS est une menace particulière pour la santé et il examine les différentes questions que pose cette maladie inhabituelle. Il décrit également les leçons à tirer pour des urgences infectieuses futures, y compris pour une pandémie de grippe et une possible attaque bioterroriste.

Situation de l'épidémie de SRAS et leçons à tirer pour l'avenir immédiat
David L. Heymann
Directeur Exécutif, Maladies transmissibles, OMS

—2003, 2003 cette date me rappelle quelque chose, intervient Kevin

—Tu veux sans doute parler de la conception du laboratoire P4 de l'institut de virologie de Wuhan, démarrée en 2003, en collaboration avec la France. C'est au Vietnam, le 28 février 2003, que le Docteur Carlo Urbani, épidémiologiste du bureau de l'OMS à Hanoï a identifié le premier cas de Syndrome respiratoire aigu sévère (SARS) chez un malade atteint d'une forme grave de pneumonie d'étiologie inconnue. Dès le 10 mars 2003, on comptait 22 agents hospitaliers à l'hôpital français de Hanoï atteints d'un syndrome respiratoire aigu de même type, et des flambées analogues furent signalées le 11 mars 2003 chez des travailleurs hospitaliers à Hong Kong.

—Mais rien ne prouve qu'en 2003, le laboratoire de Wuhan, conçu avec l'aide de la France, soit à l'origine de cette épidémie, rétorque Cassie.

—Alors peux-tu me dire d'où proviennent les 437 cas signalés par la Santé Publique Française, en mars et juillet 2003 ?

Santé publique France

DOSSIER THÉMATIQUE 20 MAI 2019

Le SRAS-CoV, un coronavirus à l'origine d'une épidémie mondiale d'une ampleur...

Une surveillance épidémiologique coordonnée par Santé publique France

En France, une réponse a été mise en place dès le déclenchement de l'alerte internationale, avec une surveillance épidémiologique coordonnée par Santé publique France. Tout cas possible de SRAS devait être signalé à Santé publique France et mis en isolement strict. L'évaluation médicale et épidémiologique permettait le classement en cas exclu ou cas probable. Les personnes contacts des cas probables étaient mises en quarantaine pendant 10 jours à domicile et suivies quotidiennement.

437

cas possibles de SRAS ont été signalés en France entre mars et juillet 2003

Au total, 437 cas possibles de SRAS ont été signalés en France entre mars et juillet 2003. Sept cas probables ont été retenus dont un patient décédé, et 77 contacts ont été suivis. Aucune transmission secondaire n'a été identifiée sur le territoire français.

—Facile, il y a eu un vol de chauves-souris Pékin – Paris ! En tout cas, l'OMS a vu juste en 2003 en publiant sur son site :

« Le SARS apparaît d'une manière qui suggère un grand potentiel pour une extension rapide de la maladie du fait d'un monde mobile et intimement interconnecté. Les données indiquent une période d'incubation de 2 à 10 jours (en moyenne 2 à 7 jours), permettant à l'agent infectieux d'être véhiculé par un passager asymptomatique d'un aéroport international à un autre, sans être suspecté ni détecté. La transmission de personne à personne par proche contact avec les sécrétions respiratoires a été démontrée. La concentration de cas parmi le personnel soignant qui était jusqu'alors en bonne santé et la proportion de patients nécessitant des soins intensifs sont particulièrement inquiétantes. Cette maladie du « 21ème siècle » pourrait avoir également d'autres conséquences.

Si le SARS devait s'étendre, les conséquences économiques,– déjà estimées à environ 30 milliards de dollars – pourraient s'avérer dramatiques dans un monde de plus en plus interconnecté et interdépendant ».

Et toujours en 2003, l'OMS en citant les tests PCR dans sa publication, savait que leur efficacité n'était pas satisfaisante. De même cette organisation conseillait le port de masques, la distanciation sociale, etc.

https://www.who.int/csr/sars/2003_04_11french/en/

—On s'en moque de savoir que ces experts aient vu juste ! Ils ont mis des mois pour réagir avec cette pandémie, alors que les ministres de la santé des gouvernements de ce monde savaient. 437 cas identifiés en France, et « ils » ont fait comme si c'était un découverte ! Pire encore, en France, une ministre de la santé a affirmé sur les ondes qu'il n'y avait « aucun départ d'épidémie » lorsqu'elle a quitté son ministère.

C'est une honte !

« Ils » savaient dès 2003 et « ils » n'ont rien fait pour empêcher que cela se renouvelle, à moins que tout ceci ait été voulu. Lorsqu'il s'agit de contrôler les êtres humains, il n'y a pas de meilleur instrument que le mensonge. Parce que, voyez-vous, les humains vivent de croyances. Et les croyances peuvent être manipulées. C'est la seule chose qui compte pour ceux qui sont au pouvoir.

Mentir à ce point est un crime contre l'humanité, et nous sommes là pour le dénoncer.

*

... alors que la pandémie de Covid-19 brûle à travers nous, notre monde franchit un portail.

Nous avons voyagé en un lieu d'où il semble peu probable de pouvoir revenir, du moins pas sans une sorte de rupture sérieuse avec le passé - sociale, politique, économique et idéologique.

Le coronavirus a apporté avec lui une autre compréhension de notre monde.

Il jette une lumière différente sur la vie que nous avons vécue jusqu'à présent.

Il nous oblige à remettre en question les valeurs sur lesquelles nous avons bâti les sociétés modernes.

Pour franchir ce portail, il nous faudra faire le choix de laisser derrière nous une partie de notre passé.

Il me vient alors en mémoire une citation d'Albert Einstein « Il n'y a que deux manières de vivre ta vie. L'une est comme si rien n'était un miracle. L'autre est comme si tout était un miracle ».

—Au fait, les comiques avez-vous entendu parler de Luc Montagnier ?

—Ben oui ! Il est connu pour avoir co-découvert le virus du VIH et a reçu le prix Nobel de médecine en 2008, répond Cassie.

—Je le cite, surenchère Douglas : *Nous en sommes arrivés à la conclusion qu'il y a eu une manipulation sur ce virus. Une partie, je ne dis pas le total. il y a un modèle qui est le virus classique, venant surtout de la chauve-souris, mais auquel on a ajouté par-dessus des séquences du VIH. Ce n'est pas naturel, c'est un travail de professionnel, de biologiste moléculaire, d'horloger des séquences. Dans quel but ? Je ne sais pas (...). Une de mes hypothèses est qu'ils ont voulu faire un vaccin contre le sida.* Et cela ne vous a pas interpellé qu'un Nobel de Médecine lâche une bombe parteille sur un plateau de telévision ?

—Tu vois je te l'avais dit, qu'il fallait jeter un coup d'œil en France, lâche Kevin

—La seule fois où tu m'as parlé de ce pays, c'est pour m'emmener vister la Tour Eiffel et « La Louve » ;

—Le musée du Louvre, pas de la louve !

—Bon c'est fini les comiques. Si vous aviez creusé, vous auriez découvert que dans un article paru le 6 février 2020, des scientifiques du State Key Laboratory of Virology, Modern Virology Research Center, College of Life Sciences, Wuhan University ont écrit que la séquence partielle du gène RdRp de la souche de coronavirus de chauve-souris BtCoV / 4991 (GenBank KP876546) avait une identité nucléotidique identique à 98,7% à celle de la COVID-19.

Le 16 mars 2020 et peut être même avant, on pouvait lire que la séquence courte de BtCoV / 4991 correspondait à 100% à la même séquence courte du virus RaTG13.

Les deux coronavirus de chauve-souris RaTG13 et BtCoV / 4991 ont été isolés, paraît-il, dans la province du Yunnan, Chine en juillet 2013. Les désignations d'adhésion à la GenBank sont respectivement MN996532 et KP876546.

BtCoV / 4991 a été partiellement séquencé en 2016, mais sa séquence complète n'a jamais été publiée. Curieusement, bien qu'isolée en 2013, la séquence de RaTG13 n'a été publiée que le 27 janvier 2020.

—Là où c'est flou, il y a un loup comme disent les francais, remarque Cassie.

—Ce n'est plus un loup, mais une meute. Le RaTG13 et le BtCoV / 4991 sont-ils le même coronavirus ?

Et si c'est le cas, pourquoi avoir changé de nom ?

Oublié le BtCov / 4991 pour ne parler que du RaTG13 ?

Pourquoi la virologue Zhengli Shi, s'inquiète-t-elle du nom du virus comme l'attestent les échanges de mails avec Baric Ralph de l'université américaine de Chapell Hill en Caroline du Nord ?

Kevin cherche dans le rapport les différents mails.

To: Baric, Ralph S[rbaric@email.unc.edu]
From: zlshi[zlshi@wh.iov.cn]
Sent: Thur 2/13/2020 3:26:25 AM (UTC-05:00)
Subject: virus name
A unique and unified name is needed for the novel coronavirus from Wuhan_SJ_clean.docx

Dear Ralph,

We heard that the 2019-nCoV was renamed as SARS-CoV-2. We had a fierce discussion among Chinese virologists. We have some comments on this name, I'm wondering if the CoV study group would consider a revision.

I attached the comments from me na dmy Chinese colleague.

Best regards,
Zhengli,

SHI Zhengli, Ph. D
Senior Scientist & Professor
Wuhan Institute of Virology, Chinese Academy of Sciences
44 Xiao Hong Shan
430071 Wuhan, Hubei
China
Tel & Fax:
Email: zlshi@wh.iov.cn

Ce qui est troublant, ce sont les révélations du lauréat du prix Nobel Luc Montagnier et d'autres, attestant la présence de fragments de VIH dans le BtCov / 4991 dont la référence est précisément celle de l'image ref4991 de l'INSERM.

Pourquoi le virus Ratcov/4991 a-t-il été renommé Ratg13 le 20 janvier 2020 ?

Cette nouvelle identité a -t-elle pour but d'occulter la référence au VIH ?

Shi Zhengli avouera par la suite que Ratg13 et Ratcov/4991 sont en fait le même virus.

Tout ce monde de menteurs savait que ceux que l'on nomme les complotistes iraient fouiller sur le net avec l'aide d'experts en cyber sécurité.

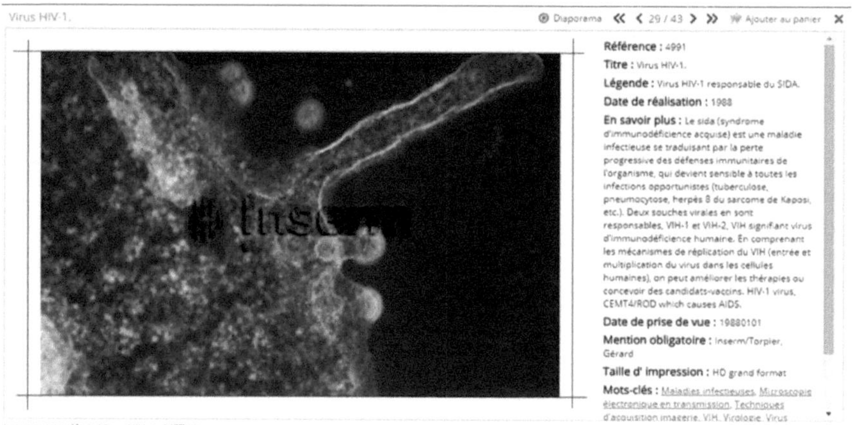

La panique s'empara d'eux le 6 février 2020, au point de demander l'aide de la communauté scientifique internationale comme le prouvent les copies de mails ci-dessous.

Re: A Statement in support of the scientists, public health and medical professionals of China

Feb 6, 2020 11:48:58 AM EST

Re: A Statement in support of the scientists, public health and medical professionals of China

Subject: Re: A Statement in support of the scientists, public health and medical professionals of China
From: Saif, Linda <saif.2@osu.edu>
To: Hume Field <hume.field@ecohealthalliance.org>
Cc: Peter Daszak <daszak@ecohealthalliance.org>, Ralph Baric <rbaric@email.unc.edu>, jmhughe@emory.edu, Rita Colwell <[redacted] Rita Colwell <rcolwell@g.umd.edu>, rcolwell@umd.edu, Wang Linfa <linfa.wang@duke-nus.edu.sg>, Alison Andre <andre@ecohealthalliance.org>, Aleksei Chmura <chmura@ecohealthalliance.org>, Hongying Li <li@ecohealthalliance.org>, William B. Karesh <karesh@ecohealthalliance.org>, Robert Kessler <kessler@ecohealthalliance.org>
Sent: February 6, 2020 11:48:58 AM EST

RE: A Statement in support of the scientists, public health and medical professionals of China — Feb 6, 2020 10:23:12 PM EST

RE: A Statement in support of the scientists, public health and medical professionals of China

Subject: RE: A Statement in support of the scientists, public health and medical professionals of China
From: Peter Daszak <daszak@ecohealthalliance.org>
To: Saif, Linda <saif.2@osu.edu>, Hume Field <hume.field@ecohealthalliance.org>
Cc: JMHUGHE@emory.edu <jmhughe@emory.edu>, Rita Colwell <[redacted] Rita Colwell <rcolwell@g.umd.edu>, rcolwell@umd.edu, Alison Andre <andre@ecohealthalliance.org>, Aleksei Chmura <chmura@ecohealthalliance.org>, Hongying Li <li@ecohealthalliance.org>, William B. Karesh <karesh@ecohealthalliance.org>, Robert Kessler <kessler@ecohealthalliance.org>
Sent: February 6, 2020 10:23:12 PM EST
Attachments: Statement of support 2019nCoV China Final.docx

RE: A Statement in support of the scientists, public health and medical professionals of China — Feb 6, 2020 10:23:12 P

Thank you very much Linda, Jim, Billy and Hume for signing on to this rapidly. Rita called today but was in a meeting and we haven't had time to talk, but I'll make sure we connect tomorrow.

Hume – I've taken some of your comments and lightly edited, and I've attached the revised version here. Linda – you're right it would be good to be specific about the bioengineered virus conspiracy theory, but we I think we should probably stick to a broad statement. The Presidents of the US National Academies of Science, Engineering and Medicine have drafted a letter that I expect will be released Friday or Monday. I've not seen the final version yet, but the draft version that we (and expert group that met last week) edited has the following sentence: "The initial views of the experts is that the available genomic data are consistent with natural evolution and that there is currently no evidence that the virus was engineered to spread more quickly among humans." I think this is a bit too specific, because there are other conspiracy theories out there.

Our current statment neatly refutes most of them by saying that "We stand together to strongly condemn conspiracy theories suggesting that 2019-nCoV does not have a natural origin. Scientific evidence overwhelmingly suggests that this virus originated in wildlife, as have so many other emerging diseases". Let me know if you want to change specific wording using 'track changes' above.

The plans now are to wait for Rita to give a Yes or No, then include a reference to the NASEM letter when that comes out, then circulate to some other eminent scientists. I've come up with an initial list below.
Please suggest names of your colleagues that you think might also be willing to support this (I'm sure some of these people are too busy right now to respond):

Voici le contenu de l'un de ces mails.

Merci beaucoup Linda, Jim, Billy et Hume d'avoir signé rapidement. Rita a appelé aujourd'hui mais j'étais en réunion et nous n'avons pas eu le temps de parler, je veillerai à ce que nous nous connections demain.

Hume - J'ai retenu certains de vos commentaires que j'ai légèrement modifiés, et j'ai joint la version révisée ici.

Linda, vous avez raison, il serait bon d'être précis sur la théorie du complot viral bio-conçu, mais je pense que nous devrions probablement nous en tenir à une déclaration générale. Les présidents des National Academies of Science, Engineering des États-Unis et de Médicine ont rédigé une lettre qui, je pense, sera publiée vendredi ou lundi. Je n'ai pas encore vu la version finale, mais le projet de version actuelle est : « Le point de vue initial des experts est que les données génomiques disponibles sont cohérentes avec l'évolution naturelle et qu'il n'y a actuellement aucune preuve que le virus ait été conçu pour se propager plus rapidement parmi les humains ». Je pense que c'est un peu trop spécifique, car il existe d'autres théories du complot.

Notre déclaration actuelle réfute parfaitement la plupart d'entre-elles en disant : « Nous sommes unis pour condamner fermement les théories du complot suggérant que le 2019-nCoV n'est pas d'origine naturelle. Á une écrasante majorité, les preuves scientifiques suggèrent que ce virus est originaire de la faune, comme tant d'autres maladies émergentes ». Faites-moi savoir si vous voulez modifier un libellé spécifique en utilisant « suivre les modifications » ci-dessus.

Les plans sont maintenant d'attendre que Rita donne un oui ou un non, puis d'inclure une référence à la lettre de NASEM puis de le distribuer à d'autres scientifiques éminents. J'ai dressé une première liste ci-dessous.

Je pense qu'il faut être borné pour croire au hasard dans cette histoire : la France livre ce laboratoire P4 à Wuhan avec pour ambition un travail commun avec l'INSERM sur les maladies infectieuses.

Cet institut de recherche, plus précisément Yves Levy est en pointe sur le VIH.

Dans le cadre d'une recherche de vaccin contre le VIH, il est probable que des (bases de) données aient été échangées. Ce qui est logique et habituel.

Mais voilà, ça tourne mal et la France ne veut probablement pas être mêlée à ça.

Souvenez-vous de la célérité avec laquelle Pasteur et l'académie de Médecine ont qualifié le Nobel Montagnier de charlatan et de fake news. N'oubliez pas qu'en pleine crise, au printemps 2020, Yves Levy, alors conseiller d'Etat, a été prestement remercié sans motif apparent. Cela n'arrive jamais !

—Je ne comprends plus rien, répond Cassie

—C'est pourtant simple Princesse. En 2013, SHI ZHENGLI, alias Batwoman, l'experte de l'insitut de virologie de Wuhan, publie un article expliquant comment elle a découvert le virus Ratcov/4991.

En 2015, elle en publie un autre dans Nature Medicine, co-écrit avec Ralph Baric de l'Université de Caroline du Nord.

Cette communication de recherche explique que le remplacement de la protéine de pointe d'un coronavirus non infectieux pour l'homme, par une protéine de pointe capable de se lier à l'ACE2 humain, conduit à un nouveau coronavirus ayant la capacité d'infecter les humains. Cette manipulation s'appelle, des « Gains de fonction ».

Puis arrive le virus de Wuhan.

SHI ZHENGLI, essaie par tous les moyens de faire changer le nom de Ratcov/4991 en RaTG13, alias COVID-19.

Pourquoi, Perter Daszak, le patron de EcoHealth Alliance, la société qui collabore depuis plusieurs années avec l'institut de viriologie de Wuhan, tweete que le *RdTG13 n'a pas été séquencé davantage en 2013,* alors que...

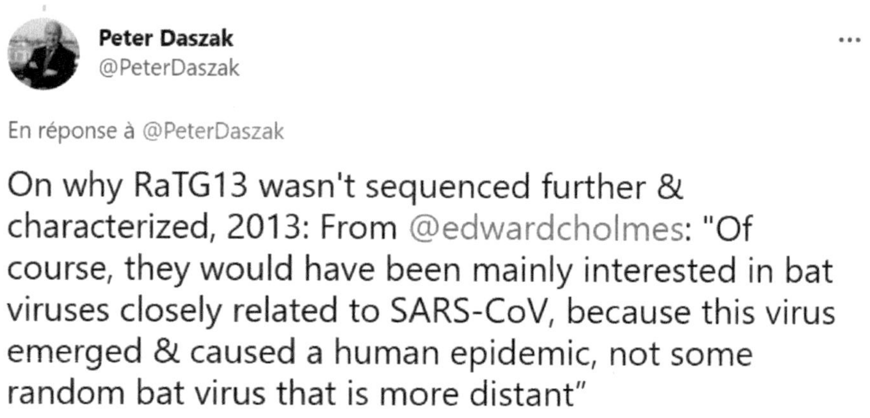

Alors que l'image ci-dessous prouve que son séquençage a commencé le 3 juin 2017.

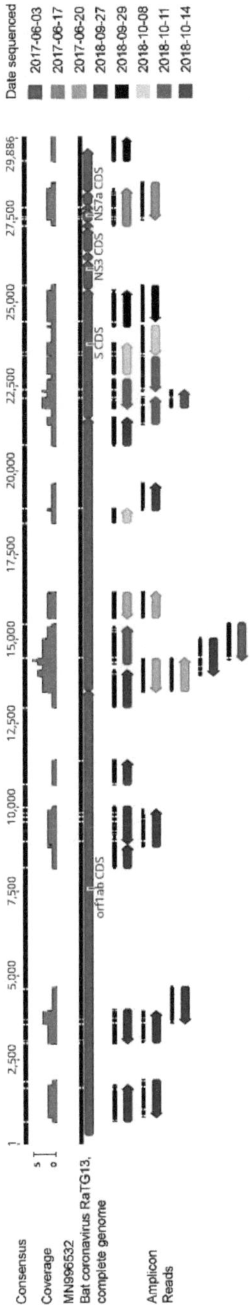
Date sequenced
2017-06-03
2017-06-17
2017-06-20
2018-09-27
2018-09-29
2018-10-08
2018-10-11
2018-10-14
1
2,500
5,000
7,500
10,000
12,500
15,000
17,500
20,000
22,500
25,000
27,500
29,886
orf1ab CDS
S CDS
NS3 CDS
NS7a CDS
Consensus
Coverage
MN996532
Bat coronavirus RaTG13, complete genome
Amplicon
Reads

—C'est pas en 2017 que la France a livré le laboratoire P4 à la Chine, inauguré en grande pompe par le premier ministre de l'époque, la ministre de la santé ainsi que le patron de l'INSERM ? Lance Cassie.

—Et alors, tu veux venir où ? demande Kevin.

—Nulle part et toi ? Je me disais qu'il y avait beaucoup de coïncidences. Un virus qui s'appelle Ratcov/4991, le nom de VIH 4991 dans les bases de données de INSERM, un virus qui change de nom pour s'appeler RdTG13, qui soi-disant avait été séquencé en 2013, alors que des documents prouvent que c'est en réalité en juin 2017, quelques mois après la livraison par la France du laboratoire P4 de Wuhan.

—Et alors ?

—Depuis son inauguration en 2017, Paris ne dispose plus d'aucun contrôle sur la gestion de l'installation, et la coopération prévue a été brusquement stoppée. Les 50 ingénieurs de recherche qui devaient se rendre à Wuhan, n'y sont jamais allés. Mon intuition est que la France s'est faite piegée. Elle a fourni son savoir faire ainsi que ses bases de données, puis la Chine lui a dit, « Dehors, laissez-nous faire notre cuisine avec EcoHealth Alliance ».

Le 20 janvier 2020, le BtCoV4991 de 2016 (après gain de fonction sur la souche de 2013), devient, le RaTG13 !

Pourquoi cette fraude scientifque ?

Il y a-t-il un lien avec le virus VIH 4991 ?

—Parfaitement résumé ! A mon avis, l'étymologie du Ratcov/4991 est la pièce manquante de vos investigations, répond Douglas.

—Je savais tout ça, Chef !

—Ah bon ?

—Bon oui ! Avez-vous oublié que j'ai travaillé dans un département de cryptologie dans l'une des plus grandes agences de cyber sécurité.

—Et alors ?

BtCoV / 4991 -> SARS-Cov-2 et Rs4991 – RsTG13 -> Covid-19 sont chiffré 61 (le zéro ne compte pas dans ce type de cryptage).

Pour ma part, le professeur Montagnier a raison.

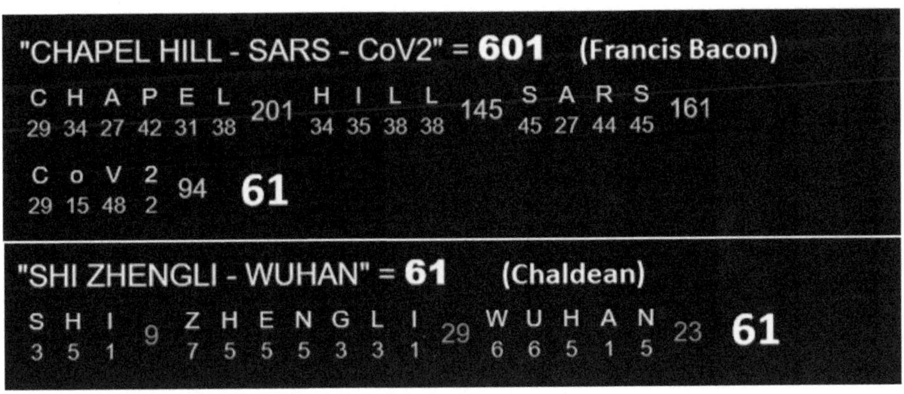

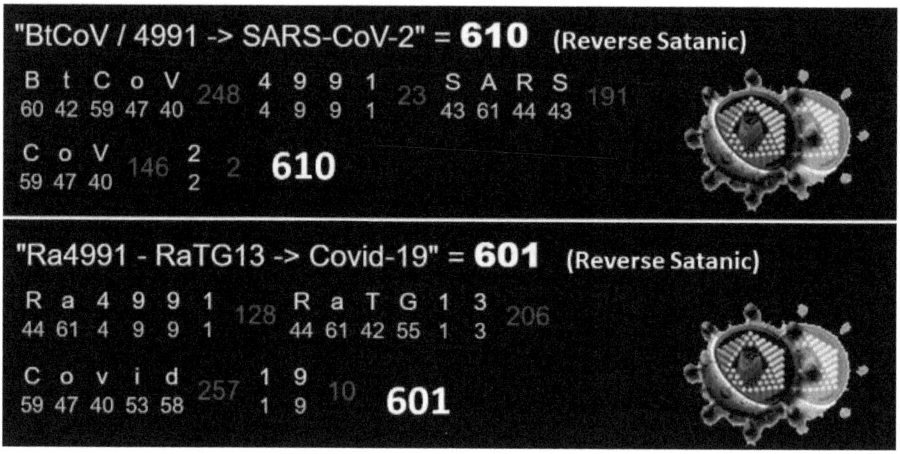

—Et alors, demande Cassie.

—Le nombre « 61 » indique la FIN...

—Et tu as vu ça où ?

—Le Hasard n'existe pas. Regarde le type de codage (Reverse Satanic). 61 est le 18e nombre premier et 18 = 6 + 6 + 6, et « CHINA » et « WUHAN » en majuscules ou minuscles sont cryptés 18.

—*Maintenant, mon brave, ce n'est pas le moment de se faire des ennemis,* conclut Douglas. (Voltaire sur son lit de mort en réponse à un prêtre lui demandant de renoncer à Satan).

Printed in Poland
by Amazon Fulfillment
Poland Sp. z o.o., Wrocław

74459127R00128